W0076269

Zwettl, das ist eine kleine Stadt im niederösterreichischen Waldviertel, hundert Kilometer nordwestlich von Wien. Hier erlebt Familie H. die letzten Tage des Krieges. Hier wird der zwölfjährige Peter im ersten Friedensjahr endgültig seiner Kindheit beraubt. Sechsundzwanzig Jahre später kehrt der Autor an diesen Ort zurück und beginnt seine Erinnerungsarbeit: »Ich habe mir vorgenommen, genau diese Zeitspanne zu beschreiben, mein Gedächtnis zu prüfen, und das anderer, dem nachzugehen, was ich nicht mehr bin, was ich nur noch andeutungsweise weiß, was ich mir nacherzähle, was mir dieser und jener erzählt, was im Vergleich nicht standhält, was in einige Geschichten zerfällt.«

Peter Härtling, geboren am 13. November 1933 in Chemnitz, Gymnasium in Nürtingen bis 1952. Danach journalistische Tätigkeit; von 1955 bis 1962 Redakteur bei der ›Deutschen Zeitung‹, von 1962 bis 1970 Mitherausgeber der Zeitschrift ›Der Monat‹, von 1967 bis 1968 Cheflektor und danach bis Ende 1973 Geschäftsführer des S. Fischer Verlages. Seit Anfang 1974 freier Schriftsteller.

Peter Härtling

Zwettl

Nachprüfung einer Erinnerung

Deutscher Taschenbuch Verlag

Ungekürzte Ausgabe
Oktober 1998
Deutscher Taschenbuch Verlag GmbH & Co. KG,
München
© 1997 Verlag Kiepenheuer & Witsch, Köln
Erstveröffentlichung: Darmstadt/Neuwied 1973
Die vorliegende Fassung folgt
›Peter Härtling. Gesammelte Werke‹, Band 7,
herausgegeben von Klaus Siblewski, Köln 1997.
Umschlagkonzept: Balk & Brumshagen
Umschlagfoto: Sowjetische Besatzung (Zwettl, Niederösterreich),
1945–1955 (© Bilderdienst Süddeutscher Verlag)
Gesetzt aus der Stempel Garamond 10/12˙ (WinWord 6.0)
Gesamtherstellung: C. H. Beck'sche Buchdruckerei,
Nördlingen
Gedruckt auf säurefreiem, chlorfrei gebleichtem Papier
Printed in Germany · ISBN 3-423-12582-9

Inhalt

»Die Ankunft«

Der Junge stand vor dem Haus, es war gegen Abend. Sie waren eben angekommen, nach einer umständlichen Bahnfahrt durch Böhmen, von der er später erzählte, von Tieffliegerangriffen und der Angst seines Vaters; wie sein Vater in einem Café am Wenzelsplatz mit Reichsmark hatte zahlen wollen und der Ober sehr scharf sagte: Ich nehme nur noch Kronen. Vater trug Zivil;

er trug, sagt Tante K., Uniform, er hätte es nicht wagen dürfen, er war auf Dienstreise, hatte uns, obwohl er es nicht mehr erwartete, in Olmütz angetroffen. Wir waren nach dieser verrückten Flucht in den Norden zurückgekehrt, ohne zu wissen, was weiter geschehen solle. Er stand plötzlich in der Tür. Ich weiß genau, L. hatte gesagt: Jetzt wird ein Wunder geschehen. In der Nacht sind wir dann aufgebrochen;

ich erinnere mich daran; ich habe eine elektrische Birne auf den Boden geworfen, sie explodierte, knallte in der Nacht, in der sich kaum jemand rührte, zu rühren wagte, Mutter zuckte zusammen, sagte aber, Scherben bringen Glück,

Vater trug kein Zivil, ich erinnere mich, wie er aufstand, den Kellner bat, sich zu gedulden, er müsse wechseln gehen, habe keine Kronen dabei, ich spüre die Furcht, die uns die Stühle an einem Tischende zusammenrücken ließ, wie Mutter L. anherrschte: Sei still, wir müssen warten, Lore.

Ich stand vor dem Haus. Ich war zwölf Jahre alt. Es war vor sechsundzwanzig Jahren. Vater hatte uns nach Zwettl geholt. Zwettl ist eine kleine Stadt im Waldviertel, 100 km nordwestlich von Wien, 90 km nordöstlich von Linz. Sie hatte 3500 Einwohner. Manchmal fallen mir Namen von Orten ein, die in der Nähe von Zwettl liegen: Geras, Schwarzenau, Allensteig, Döllersheim, Groß-Gerungs. Vater hatte uns nach Zwettl geholt, weil von dort im Sommer die guten Marillen kamen, weil er N's kenne, weil er K. kenne, weil seine Einheit in der Nähe auf dem Truppenübungsplatz Döllersheim liege, weil die Russen sicher nicht bis Zwettl kommen würden, die Amerikaner seien näher, weil in solchen kleinen Städten die Leute hilfsbereit seien.

Er stand vor dem Haus, sah den Soldaten zu, die am Straßenrand Lastwagen beluden; die Männer sprachen leise miteinander, als fürchteten sie feindliche Zuhörer, sie lachten nicht, arbeiteten hastig; er hatte sich an die Seite der breiten Toreinfahrt gestellt und sich später auf einen hohen, schrägstehenden Randstein gesetzt,

ich habe vergessen, nachzusehen, ob es vor dem N'schen Anwesen diesen Randstein gibt. Ich bin am 26. Juli 1971, nach sechsundzwanzig Jahren, in Zwettl gewesen, bin durch die Stadt gegangen, bin im Hof gestanden, auf dem wir gespielt, auf dem die Sowjetsoldaten gesungen und getanzt hatten, habe auf den Garten am Bach hinuntergeschaut, er ist jetzt verwildert und die Steintreppe gebrochen, bin auf die Altane, die Pawlatschen, hinaufgegangen, habe durch das Fenster in das Zimmer gesehen, das wir bewohnt hatten, aber ich habe nicht geprüft, ob es diesen Stein noch gibt, ob ich ihn, im Erinnern, erfinde, damit der Junge dasitzt und zusieht,

die Soldaten hatten ihn immer wieder zur Seite gedrückt, er roch sie, sie rochen nach Schweiß, Alkohol, feuchtem Stoff, Leder. Er hörte Holz und Metall, wenn sie die Kisten auf die Wagen wuchteten.

Er hat sich kein Gesicht gemerkt, keines ist über diese lange Spanne geblieben, auch keine Stimme. Ich weiß nicht, wann er ins Haus hineingegangen ist.

Sie hielten sich von bis in Zwettl auf. Sie waren anfangs zu sechst: der Vater (Rudolf H.), die Mutter (Erika H.), die Schwester (Lore H.), die Großmutter (Elisabeth H.), die Tante (Käthe H.), und er, dessen Gedächtnis ich nur noch in Bruchstücken habe.

Ich erinnere mich nicht mehr an die Umstände der Ankunft, ob es tagsüber war oder nachts. Der Bahnhof befindet sich auf einer Anhöhe.

Er war, während der Reise, andauernd von Erwachsenen hin- und hergestoßen worden, alle bewegten sich hastig, waren ziellos unterwegs, redeten über den Krieg, das Ende, die Wunder, die noch kommen könnten. Er hatte sich oft selbständig gemacht. Zuerst hatte seine Mutter ihn im Zug gesucht, später nicht mehr. Wenn der Zug auf freier Strecke anhielt, er aus dem Waggon sprang, die Böschung hinunterrutschte, hörte er stets auf die Pfiffe der Lokomotive, einmal, zweimal, der Zug ruckte an, er sprang auf, bald geübt, und es achtete niemand mehr auf ihn.

Ich frage mich ab, frage ihn ab, was er zuerst von Zwettl gesehen hat, ich weiß nun, daß sie am Tage gekommen sind, es war hell, sie türmten die Koffer, die eingerollten Steppdecken, ich sehe zwei Panzer gegenüber dem Bahnhof, auf dem es von Soldaten wimmelt, sie sind abgestellt, verlassen, sie gleichen Ruinen, ich weiß nicht, warum ich denke, daß sie zerstört, ausgebrannt sind, bis heute denke ich, dieses Bild vor mir, es sind Wracks.

Er steht neben dem Vater, Vater versucht, ein Auto aufzutreiben, das die Familie und das Gepäck zu N's bringen soll, es ist aber gar nicht weit dorthin, ein paar hundert Meter, nur, wie sollen wir das Zeug schleppen,

ich kann Vaters Stimme nicht mehr hören, frage mich, ob sie hell oder dunkel war, ob er langsam oder rasch sprach,

die Panzer stehen in einem auf einem Bild festgewordenen Licht, ausgeschlachtet von seiner Fantasie oder seiner Erschöpfung.

Der Tag unserer Ankunft ist nicht festzustellen. Mimi N. behauptet, nach dem Einmarsch der Russen. Das stimmt nicht. Tante K. vermutet, ein paar Tage nach Hitlers Tod. Hitler beging Selbstmord am 30. 4. 1945. Wir haben über Hitler gesprochen, haben wir über ihn als einen Toten oder als einen Lebenden gesprochen? Mein Vater hatte seinen Tod immer erhofft. Was hat er über seinen Tod gesagt? Wann hat er ihn erfahren, von wem?

Die Stadtgemeinde Zwettl gibt am 15. Juli 1971 die Auskunft: »Zu o. a. Ersuchen teilt die Stadtgemeinde Zwettl-Niederösterreich mit, daß folgende Personen vom 1. 5. 1945 bis 21. 4. 1946 mit dem Endvermerk Rückführung nach Deutschland mit der Anschrift 3910 Zwettl, Landstraße Nr. 51 wohnhaft gemeldet waren: H. Elisabeth, geb. 17. 5. 1872, H. Katharina, 19. 7. 1908, H. Erika, geb. 18. 2. 1911 und zwei Kinder, deren Namen und Geb.-Daten nicht eigens vermerkt wurden.« Stimmt die Auskunft der Stadtgemeinde Zwettl und haben wir uns sofort angemeldet, hat mein Vater von Hitlers Tod auf der Fahrt zwischen Prag und Zwettl gehört. Ich entsinne mich nicht, daß die Reisenden erregt gewesen wären; vermutlich waren sie so in die Gestikulation des Überlebens verstrickt, daß diese Nachricht, die nun nichts mehr mit ihnen zu tun hatte, sie kaum bewegte. Andererseits werden sie sich voreinander gefürchtet und Erlösung oder Trauer einander nicht gezeigt haben.

Aus dieser Zeit gibt es keine Fotografien von mir. Ich trenne mich von einer Gestalt, die ich mir nach anderen, späteren Fotos (aus dem Jahre 1947) ausgemergelt, dunkelhaarig, sehr blaß, scheu wie aufsässig vorstelle. Sie hatten gesagt, er wird nicht durchkommen, ein Siebenmonatskind, blutarm, er ist anfällig für jede Krankheit, er müßte Eisenwein, Lebertran trinken, Tabletten nehmen; ich habe eine Stimme neben meiner Stimme, die heller ist, die sich überschlägt, wenn sie laut wird.

Wahrscheinlich hatte ihn die Großmutter hineingerufen in die Wirtsstube, Mimi N. trug das Essen auf (vielleicht haben auch Mutter oder Tante K. die Teller aus der Küche gebracht); es gab oft Waldviertler Knödel (zur Hälfte rohe Kartoffeln, zur Hälfte gekochte Kartoffeln und Mehl) mit einer undefinierbaren Soße, wir aßen sie gern, sie füllten den Magen, und als das schwarze Mehl überhandnahm, kaum mehr Kartoffeln im Teig waren, nannten wir die Knödel Bomben, sie waren hart, schwer auseinanderzureißen; während sie aßen an diesem ersten Abend, hörte er den Soldaten zu, zwischen denen Vater saß, sie diskutierten, wie man nach Linz und über den Inn komme, die Brücke sei nicht gesprengt, in Linz würden, heißt es, die Amerikaner haltmachen, Zwettl würde an die Russen fallen, mein Vater sagte, es wird vieles geredet, es kann sein. Wir bleiben hier.

Mimi N. erzählte am 26. 7. 1971, mein Vater sei in den ersten Tagen auffallend heiter gewesen, oft in die Küche gekommen, habe sich mit ihren Eltern und mit ihrem Onkel unterhalten, können Sie sich meinen Onkel noch denken?, meine Eltern leben, aber nicht mehr in dem alten Haus. Wissen Sie, wo der Friseur ist in der Landstraße, da wohnen sie im ersten Stock. Meiner Mutter geht es gut, sie ist zehn Jahre jünger als mein Vater, aber mein Vater ist krank. Und der Onkel, wissen Sie, er hatte etwas am Bein? Als sie sagte »er hatte etwas am Bein«, sah ich ihn, gedrungen, mit einem rissigen, stets verdrossenen Gesicht, das den Jungen einschüchterte. Sie sind dabeigewesen, in der Küche, mit Ihrem Vater, sagt Mimi N., die Poldi spricht häufig von Ihnen, wie Sie durch die Küche gehuscht sind, gefragt haben, was es zu essen gäbe, immer ausgehungert, es gab auch ein paar Wochen kaum etwas, und dauernd gesucht wurden von Ihrer Großmutter. Ihre Mutter hatte sich daran gewöhnt, daß Sie tagsüber verschwunden waren. Die Poldi sagt, der Peter, der dünne Schwarze, die Poldi sagt, was wohl aus ihm geworden ist, die Poldi sagt, ich sehe ihn vor mir, aber ich sehe die Poldi nicht vor mir, so sehr Mimi N. auch auf mich einredet: an die müssen Sie sich doch erinnern, sie war immer in der Küche, die können Sie nicht vergessen haben – Poldi habe ich aus dem Gedächtnis verloren; sie ist nicht da; wenn ich von ihr rede, dann muß ich sie erfinden.

Wo wir in der ersten Nacht in Zwettl geschlafen haben, kann ich nicht erfahren. Mimi N. meint, wir seien von Anfang an »oben in der Körstube« gewesen, sie bestreitet unseren Aufenthalt im Hause Jury, jenseits des Flusses, bis ich ihr Details erzähle: da hat es in der Wohnung eine schreckliche holzgeschnitzte altdeutsche Trinkstube gegeben; ja, das stimme, sie wisse auch, in welchem Haus sie sich heute befinde. Vielleicht haben Sie doch erst dort gewohnt, ich habe gedacht, Sie sind die ganze Zeit bei uns gewesen.

Tante K., später befragt, bestätigte erst, bis sie, irritiert durch die Unterhaltung, vielleicht durch die Sicherheit der Unterhaltung, korrigierte, es stimme nicht, wir hätten die erste Nacht nicht bei N's verbracht, sondern in einem Gasthaus nebenan, in der Gaststube, auf Tischen, auf Bänken, hätten Tische zusammengerückt; wie sie zögernd berichtet, wird die Szene deutlich, die abgedunkelte Stube, Fragen, wo man sich waschen könne, Hin- und Herlaufen und eine Müdigkeit, die das Holz, auf dem wir liegen, weich macht.

Er hatte, das ist sicher, lange Zeit vorm Tor den Soldaten, die sich für ihre Fahrten nach Linz vorbereiteten, zugesehen. Dann hatten sie nicht bei N's geschlafen, wie Mimi N. behauptete, wie ich es angenommen hatte, wie Tante K. es korrigiert hatte. Er kann geträumt haben von dem Kellner in Prag, von den beiden Panzern, von Tieffliegern, von barschen Männern in Uniformen, die so dicht um ihn herumstanden, daß er kaum mehr atmen konnte, von einer nackten Frau, die durch den Schlafraum in Mährisch-Trübau lief, von einem Koffer, der immer schwerer wird, den er stöhnend hinter sich herschleift, davon, daß er wegläuft und die Verfolger – Soldaten, Kellner, alte Weiber, die Mutter – immer näher kommen.

»Die Selbstentlassung«

Vater hatte gesagt, dieser Krieg sei verloren, Hitler ein Ungeheuer; ihm fielen die Abende ein, an denen Onkel Hans in Olmütz zu Besuch war, die Brüder in Vaters Arbeitszimmer saßen und er hören konnte, wie Onkel Hans, den er bewunderte, weil er rote Tressen an den Hosen trug und den Pour le mérite aus dem Ersten Weltkrieg hatte, sagte, er ist ein Verbrecher, doch er steht unter irgendeinem teuflischen Schutz, und der Junge, erbost über solche Reden, seinem Vater sagte, das dürft ihr nicht sagen, das muß ich dem Bannführer melden, und sein Vater, auflachend, ihm eine Ohrfeige gab, geh! sagte, du weißt ja alles besser, geh es melden,

ich bin hinunter in die Passage gelaufen, habe in die Schaufenster gestarrt, die Kinobilder gemustert, Alcazar oder Junge Adler, habe ein Kracherl für 50 Heller gekauft, das kann ich erfinden, ich weiß es, ich gehe mir nach, ihm,

niemand hat ihn so beeindruckt wie der holländische SS-Offizier auf dem von Flüchtlingen belagerten Prager Bahnhof; er stand in der Menge, es hatte sich um ihn ein Kreis gebildet, die Leute lauschten ihm mit offenen Mündern, er prophezeite verzückt Waffen, die man einsetzen werde und die den Feind mit unvergleichlicher Gewalt niederschmettern würden, er besaß die Überredungsgabe des Besessenen, und ich habe ihm geglaubt; er war zu seinem Vater gerannt, der stumpf auf einem Bündel saß, es fahre noch immer kein Zug in Richtung Süden, dann sind die Russen eben schneller, sagte die Großmutter, aber in Prag haben wir niemanden, sagte der Vater, vielleicht kennt die Käthe jemanden hier aus ihrer Zeit in Russin; komm mit, hör ihn an, sagte er.

Aber Vater war gar nicht auf der Reise dabei, ihr habt ihn erst in Zwettl getroffen.

Wieso fällt er mir bei dieser Szene ein?

Es ist nicht wahr, er ist doch dabei gewesen, ihr habt ihn in Prag getroffen.

Tante K. sagt, er hat uns in Olmütz abgeholt, wir sind zurückgekehrt von der ersten Flucht, weil wir nicht weitergefunden haben, weil keine Züge mehr fuhren, nur Tante T., weißt du, die immer den Turban trug, ja, die mit dem Schminkköfferchen, ist in Trübau geblieben, wir sind umgekehrt, haben nicht gewußt, wohin, haben beraten, E. war dafür, alles abzuwarten, es habe keinen Sinn mehr, und er kam herein, wir sind dann noch in der Nacht los, so beschreibt man Träume, indem Sätze zu gleiten beginnen, die Wörter unsicher, unwahrscheinlich werden, unversehens besondere Schärfe erhalten, Umrisse von schmerzender Genauigkeit – sie standen nebeneinander, der Holländer befand sich noch immer in seiner prophetischen Trance, die Waffen, die er schilderte, wurden größer, alle, die sich im Kreis um ihn scharten, schwiegen, ein Schweigen, in dem Angst und Hoffnung sich verbündeten, Vater wandte sich heftig ab, sagte, gehen wir, er ist ein Narr, er redet sich heraus, er hat schon genug Unglück angerichtet und jetzt verspricht er Wunder.

Sie bekamen an diesem Tag noch einen Zug nach Süden.

Er lief zwischen den Tischen umher, ließ Soldaten in die Wirtsstube, es war ihm gesagt worden, er müsse darauf achten, daß die Tür geschlossen bleibe – dies war seine Aufgabe, er machte sie hinter jedem Soldaten zu, der zögernd hereinkam, sie hielten alle erst auf der Schwelle an, beobachteten, was geschah. Der Kompaniechef war am Vortag verschwunden, er hatte den Soldaten gesagt, sie sollten verduften, es sei alles vorbei, die Männer blieben unsicher zurück, bis auf einige, die in der Nähe lebten und nach einem Tagesmarsch alles hinter sich hatten; sie hatten keine Papiere und ohne Papiere waren sie verloren, bei der Feldgendarmerie, bei den Russen. So kann es geschehen sein. Einer ist auf die Idee gekommen, der H. sei doch auf der Schreibstube gewesen, am Ende allein, er müsse doch Entlassungsscheine haben, welche ausschreiben können, es könne für ihn nicht schwierig sein; vermutlich hat Vater sich zurückgehalten: so einfach gehe das nicht; sie werden auf ihn eingeredet haben; Mimi N. kann das nicht sagen;

ich denke mir eine Unterhaltung zwischen Vater und

Mutter aus, es gibt eine Fotografie von ihr, auf der sie zwischen Mimi und Richard N. steht, eine kleine, verwilderte Person, unvermindert gegenwärtig, Mimi N. sagt, Sie sind wie Ihre Mutter, so lebhaft, sie hat immer was tun wollen, oder sie hat erzählt.

F. R. kam später in die Wirtsstube, um sich seine Papiere geben zu lassen, er sagte: Ihre Mutter sehe ich vor mir, sie lachte viel, sie machte die Unterschrift des Hauptmanns fabelhaft nach.

Haben Sie den Entlassungsschein noch?

Nein.

Sie hatte immer handeln, etwas bewegen wollen, sie könnte auf ihn eingeredet haben, denn sie kannte sein Zaudern,

es ist alles vorbei, Rudi, es ist sinnlos, weiterzumachen,

das ist Urkundenfälschung, du weißt es,

wer wird das jetzt noch nachkontrollieren,

vielleicht niemand, aber es ist ein Rechtsbruch,

du bist verrückt, es geht alles kaputt, alles, auch dein Recht, du kannst sicher sein, stell die Entlassungen aus,

ich kann nicht,

du bringst deine Kameraden ins Unglück, sie wollen nach Hause, sie könnten es durch dich,

die meisten werden nicht weit kommen,

aber ein paar,

ich bin nicht imstande, Unterschriften zu fälschen,

ich werde die Unterschriften nachmachen,

das geht nicht,

warum nicht? ich werde ein paarmal üben, so schwierig werden die Unterschriften nicht sein,

du darfst es nicht,

jetzt darf man alles,

nein, im Gegenteil,

doch, du wirst es einsehen, bitte, laß es zu,

er hatte, sagt Mimi N., von Pflicht gesprochen, als er sich bei den Russen meldete, ihr Bruder habe ihn überreden wollen, sich für einige Tage zu verstecken; er werde sich melden, bald wiederkommen. Er sei krank gewesen, habe Darmkrämpfe gehabt.

Diese Unterhaltung hat keine Stimmen, sie ist geschrieben, ausgedacht. Sie bleibt tonlos. So jedoch könnten sie gesprochen haben.

Die kleine Frau saß am Ecktisch, den Rücken zum Fenster. Die Vorhänge waren zugezogen, damit von der Straße her niemand das ungesetzliche Tun wahrnehmen könne, doch außer den Feldgendarmen, die sich inzwischen zurückgezogen hatten, hätte sie ohnehin niemand gehindert. Sie hat eine Weile die Unterschrift des Kompaniechefs geübt, die Ergebnisse herumgezeigt, ist das gut, geht das jetzt?, Vater (er hatte Uniform an, der Gefreite R. H., obwohl mein Gedächtnis ihn beharrlich in Zivil sehen will, Mimi N. und R. F. sind sicher, daß er Uniform trug) schrieb Datum, Name, Dienstgrad in die Papiere, Tante K. stempelte, Mutter unterschrieb.

Es war an einem der letzten Tage im April. Die Wirtsstube war überfüllt. Die Soldaten hockten eng an den Tischen, standen an den Wänden, manchmal spielte einer Klavier: ›Hast du dort oben vergessen auf mich‹ oder ›Mamatschi, schenk mir ein Pferdchen‹, sie lachten, die

Stube war verraucht, viele drehten Zigaretten, gaben sie dem Nachbarn, drehten von neuem, Herr N. und Mimi N. brachten Bier,

er rannte herum, sah seiner Mutter zu, half Tante K. beim Stempeln, es war ein wärmendes, befristetes Glück. Die Soldaten hänselten ihn wegen seiner Jungvolkuniform, er könne noch kämpfen, er könne zum Werwolf gehen. Der Führer ist tot, sagte einer, hier sagt nun jemand, der Führer sei tot, ich habe es geschrieben, ohne nachzudenken, es ist ein Satz, der Ereignisse datiert, der mitgeschrieben wurde, ohne daß ich aufgemerkt hätte, nun, bei der Revision, erläutert er mir einen Zeitpunkt, der Soldat sagt, der Führer ist tot. Ihr Gelächter war stetig und dicht. Jeder hielt seinen Entlassungsschein hoch und schrie: Ich bin entlassen. Einige verschwanden sofort. Er merkte es anfangs nicht, dann sah er sie verstohlen zur Tür hinausgehen, dem einen oder anderen noch die Hand geben,

die Gewehre könnt ihr nicht hierlassen, sagte Herr N., werft sie in den Kamp,

bisweilen war das Gelächter Geschrei, ein sinnloser, gegen die befürchtete Zukunft anbrandender Lärm;

manche berieten in Gruppen, wohin sie miteinander gehen sollten;

Amerikaner/Russen/Linz wurde zum Refrain. Dauernd rollten Lastwagen die Landstraße hinunter.

Vater sagte: Soviel sind gar nicht in unserer Kompanie gewesen, die meisten hier kenne ich nicht. Das können wir nicht machen. Er sieht, wie Mutter den Kopf in den Nakken wirft, sie ärgert sich; L. sitzt still neben ihr, der große Stuhl macht sie noch zarter, kleiner, sie ist eingeschüchtert und müde. Ich schreibe: Sie hatte ihre Puppe auf dem Schoß. Es kann sein. Die Puppe hieß Klaus, und sie trennte sich selten von ihr. Er bat die Soldaten, Klavier zu spielen und zu singen, Vater spielte mit grimmigem Gesicht sein Paradestück, Sindings Frühlingsrauschen, sie sangen ›Heimat, deine Sterne‹.

Es könnte Abend gewesen sein. Vater und Mutter hatten kaum mehr etwas zu tun, Herr N. hatte sich zu ihnen gesetzt und die Kinder wurden in den Hof geschickt. Vermutlich ist besprochen worden, wo die Familie für die Nacht Unterschlupf finden könnte. Mein Gedächtnis sucht nach einem dunklen Raum, in dem die kurzen, heftigen Bewegungen Schlafender und ihr Atem zu hören sind; ich sehe sie auf Tischen liegen, in einer tiefen Erschöpfung, manchmal zucken die Arme oder die Beine, manchmal stöhnt jemand, es ist der wilde, die Bewußtlosigkeit hinnehmende Schlaf von Flüchtenden.

Er erkundet den Hof, auf dem Lastwagen stehen, auf dem ein Jahr lang Lastwagen stehen werden, er öffnet die Schuppen, in denen verrostetes Gerät aufbewahrt wird, große hölzerne Schubkarren, die Tante K. Tragatsch nennt, oder die in Zwettl so heißen.

Selbst als sie zu Abend aßen, kamen noch Soldaten, einer der letzten, ein junger Offizier,

ich schreibe »ein junger Offizier«, weil ich ihn als jung in Erinnerung habe, weil er ihn jung gesehen hat; ich kann mir nicht mehr vorstellen, was er für jung gehalten hat,

dieser Offizier, vor dem sie erschraken, bis er sagte, wir haben es ähnlich gemacht, oder sagte, bei uns sind auch alle entlassen, oder sagte: Ich weiß es, was soll man machen, ich weiß nichts, ich habe nichts gesehen,

der Offizier sagte, man müsse sich schleunigst absetzen, die Russen, hört man, seien schon in der Nähe von

Gerungs. Frau N. begann zu weinen. Der Offizier fuhr mit einem Kübelwagen davon. Wir winkten ihm nach.

Ganz bestimmte stereotype Szenen prägen sich ein: jemandem nachwinken, mit jemandem in einer Schlange stehen, zwischen Leuten auf Decken liegen, Menschengruppen in Wartesälen, Soldaten und Zivilisten – Gruppen beginnen sich in Andeutungen zu ordnen, das Bild schlägt durch die Erinnerung, es vermittelt einen Zustand, der gewesen war,

wenige Gesichter, doch eine ganz intensive Erinnerung an die Stimmung: Als ich die Häuser an der Landstraße jetzt wiedersah, waren sie frisch gestrichen, weiß oder in einem künstlich verwaschenen Lila, oder ocker, das war anders gewesen, der Verputz blätterte ab, war grau, die Häuser hatten sich in einer Zeile geduckt, das Licht war unaufhörlich gelb vor dem schwarzen Hintergrund der Wälder. Sie fühlten sich nicht fremd, denn sie kannten die Unruhe der Aufbrüche, Fluchten, das Gebrodel von Gehetzten – in einer normalen Umgebung wären sie unsicher, wenn nicht hilflos gewesen.

Er unterhielt sich mit den Männern, kannte ihren Jargon, war mit ihren Plänen vertraut. Er wußte die Bedeutung, die Linz für sie hatte oder der Inn, und er sagte, mit einem gepreßten Stolz:

Wir bleiben in Zwettl, und wartet auf das Kopfschütteln, das sei ja Wahnsinn, sie sollten doch noch versuchen, die Amerikaner zu erreichen. Er antwortet, was er von Vater gehört hat: Viel schlimmer kann es nicht werden.

In der Toreinfahrt war es warm. Die Steine speicherten die Wärme des Tages, da hielt er sich auf, musterte die Dienstgrade, die Orden, schätzte Angst oder Gelassenheit ab, genoß die Spannung, die größer wurde. Er war zum Streuner geworden, anfänglich hatte ihn Mutter ausgeschimpft, hatte von ihm gefordert, sich um diese oder jene Zeit zu melden, sie ließ es, sorgte sich nicht mehr um ihn. Die Großmutter, erzählt Mimi N., stand auf der Pawlatschen und rief: Lore, Lore, weißt du, wo der Peter ist? Der ist nicht da. Sie sind eigentlich nie dagewesen, nur zum Essen.

Am Abend verrammelten sie die Türen. Komm, sagt eine Stimme, sei ruhig, wälz dich nicht rum, schlaf!

R. F. war, sagt er, am Nachmittag gekommen, sich den Entlassungsschein ausstellen zu lassen. Es war schon nicht mehr viel los, auf der Brücke, hat mir einer gesagt, da oben, in einem Gasthof, gibt es Entlassungsscheine. Mit Stempel. Ich habe erst suchen müssen. An Ihre Mutter kann ich mich gut erinnern. Ihr Vater saß in einer Nische. Die Wirtsstube war wie ein L. Er war dunkel und ernst, Ihr Vater. Zu ihm mußte man zuerst gehen. Ich glaube, er sagte mir, ich gehöre gar nicht zu seinem Bataillon, zu seiner Kompanie, er dürfe eigentlich keine Entlassung ausstellen. Der ist ja nicht der erste, sagte jemand, der neben ihm saß.

Wer hat unterschrieben?

Ihre Mutter.

Sie erinnern sich an sie?

Gut. Sie hatte ein weiches, rundes Gesicht, mit riesigen schwarzen Augen. Sie war sehr fröhlich. Nicht wahr, sie war nicht groß?

Nein.

Bei ihr stand immer eine Menge Leute, sie spielte Hauptmann, machte Scherze, fragte jeden, wohin er wolle.

Wie war ihre Stimme? Hell? Dunkel? Rauh?

Das weiß ich nicht mehr.

Wirkte sie vernachlässigt?

Ihre Frau Mutter? Nein, gar nicht.

Wohin sind Sie dann gegangen?

Richtung Krems. Dort wohnten meine Eltern.

Haben Sie's geschafft?

Ja. Ich bin nicht mehr in Gefangenschaft geraten. Ihre Frau Mutter, geht es ihr gut? Wo lebt sie heute?

Sie ist tot, seit 1946.

Sie war noch sehr jung.

Ja.

Es war halt eine böse Zeit.

Der Gefreite R. H. hatte sich selbst einen Entlassungsschein ausgestellt und ihn unterschreiben lassen:

»O. U. 7. 5. 45

Bescheinigung!

Der Gefreite Rudolf H., geb. am 4. 1. 06 in Glauchau/Sachsen, hat vom 25. 2. 43 bis 7. 5. 45 in der Deutschen Wehrmacht gedient.

Er wurde nach Zwettl entlassen.

Ärztliches Entlassungsurteil a. v. w. 49, U 51.

Kohl, Lt. u. Kp.Fhr., Holzte, Major u. Rgt.Kdr.«

Die Entlassung wurde am 9. Mai von der Stadtgemeinde Zwettl akzeptiert und bestätigt. Aufgrund des Papiers wurden dem Gefreiten R. H. Lebensmittelkarten ausgehändigt.

»Löschung eines Kapitels«

Es sei, berichtigt Tante K. mit Erbitterung, alles falsch. So habe es sich nicht zugetragen. Ich muß es besser wissen. Ich habe da mitgemacht. Wie kannst du dich daran noch erinnern. Ich weiß es ganz genau. Ich habe die Unterschriften geleistet, deine Mutter war nicht dabeigewesen, ich habe unterschrieben, ich ganz allein, ich habe »Leutnant Stolz« geschrieben, es ist auch meine Idee gewesen.

Und wer hat die Entlassungsscheine ausgeschrieben?

Das kann ich nicht sagen.

Ob es Vater gewesen ist?

Ein anderer kann es eigentlich nicht gewesen sein.

Aber R. F. hat behauptet, es sei Mutter gewesen, die unterschrieben habe.

Er hat sie doch vorher nie gesehen.

Er hat gesagt, es sei eine schwarzhaarige Person gewesen.

Ich habe damals auch schwarze Haare gehabt.

Er hat gesagt, sie sei zierlich gewesen.

Ich war dünn.

Er hat sie so beschrieben, als sei sie Mutter gewesen.

Du hast dich immer an sie gehängt, du bist eifersüchtig.

In meiner Erinnerung ist sie es gewesen.

Das ist falsch, ich war der Leutnant Stolz, du kannst sicher sein, ich bin, ich bin es gewesen, ich allein, ich sehe das noch vor mir.

Und wo war Mutter?

Das weiß ich nicht. Sie war nicht da. Sie war nicht dabei.

»Der Gasthof Neunteufel
oder Das Zimmer an der Pawlatschen«

Ich bin durch die Toreinfahrt gegangen, die so groß geblieben ist, wie sie für ihn gewesen war, linker Hand der Eingang zur Wirtsstube, dann, von einem kleinen Anbau aus, der Eingang zur Küche, rechter Hand der Aufgang zum Haus, auch zu den Zimmern an der Altane, an der Pawlatschen, er hat ihn nie benützt, sie seien selten durchgegangen, sagt Tante K., sie könne nicht sagen, warum; Mimi N. vermutete ein Verbot wegen der russischen Offiziere, die anfangs im Vorderhaus einquartiert gewesen seien; wenn, dann lief er hastig hindurch, es war dunkel, verbotenes Terrain, in das freilich die Oberschlesier eindringen mußten,

weil sich der Eingang zu ihrem Zimmer noch im Haus befand,

waren die Zimmer zum Haus hin eigentlich leer?,

welche Zimmer? fragte Tante K.,

an der Stiege zur Pawlatschen,

da wohnte die Lintschi mit ihrer Schwester, dann kam
unser Zimmer, die Großmama war bei der Lintschi untergebracht,

von Anfang an?,

das kann ich nicht mehr genau sagen,

tagsüber war sie bei uns,

ja, und das letzte Zimmer bewohnten Flüchtlinge wie
wir, Oberschlesier, glaube ich,

ich hatte sie vergessen; als Tante K. von ihnen sprach,
hörte ich ihre Stimmen, laut, oft im Streit; zur Familie hatte
ein Junge gehört, aufgedunsen, mit fetten Schenkeln, ihm
zuwider,

sind sie eigentlich früher weg als wir?,

sie waren 46, meine ich, nicht mehr da.

Das zweite Tor, am Ende der Einfahrt, war geschlossen,
ich stieß es auf, es schwankte in den Scharnieren, die Flügel
hingen schief, ich ging, nach 25 Jahren, über den Hof: er
war eine riesige Spielfläche gewesen, für Lastautos, für die
Tänze der Soldaten, für Aufruhr und jähe Leere; das
schrumpfte, erschreckte mich in seiner schmutzigen Täg-
lichkeit: der Hof wurde nicht klein, aber seine Maße fielen
erbärmlich aus der sie weitenden Erinnerung. Die Treppe
zur Pawlatschen war zerbrochen, wollte ich hinauf, mußte
ich durchs Haus, und das einstige Verbot wirkte noch immer. Ein Mann hielt mich auf, er war zornig, was ich hier
zu suchen habe, ich sagte, ich hätte vor 25 Jahren da oben
gewohnt, in der Körstube, er wurde freundlicher, ob ich in
die Gastwirtschaft wolle, ob er mir etwas zeigen könne, die
Gaststube war, bis auf einen Gast, leer, ich sah nur flüchtig

hinein, sie hatte sich verändert, wie, das war mit einem Mal gleichgültig, das Gedächtnis wehrte sich, die Stube baute sich auf, verweigerte eine Gegenwart, die nichts mit ihr zu tun hatte, – gleich am Eingang, rechts, war die Theke, hinter der Herr N. oder sein Bruder stand, der mit dem Holzbein, sagte Mimi N., den können Sie doch nicht vergessen haben, ja, der hatte ihn verfolgt, hatte ihn wohl nicht gemocht,

war er der spindeldürre, schwarzhaarige, immerfort finster dreinschauende Junge, den N's unheimlich (nicht Mimi N., die ihn als einen ruhelosen, immer gutaufgelegten Jungen in Erinnerung hat), hielten sie ihn für einen Dieb, einen Lügner, einen Tunichtgut?,

der Tisch gegenüber dem Eingang war der ihre, an ihm hatten sie gesessen, die phantastischen Mehlknödel gegessen, die Mutter »Bomben« getauft hatte, sie stopften, sie machten satt; links vom Eingang war halbhoch eine Holzblende gezogen, die den Raum zum L machte; durch drei Fenster schaute man auf die Straße. Ich könnte im Präsens schreiben: »schaut man auf die Straße«, aber diese Gaststube, die unsere Bleibe war, mittags vor allem, abends, und zu Beginn, als sich die Soldaten selbst entließen, diese Stube besteht allein in der Erinnerung; ich ging durch das Haus zur Pawlatschen, schaute mich nicht um, sah nicht nach, wie viele Türen es gibt, wer da hätte wohnen können, ich schaute durch die Fenster, durch unseres; das Zimmer war leer, der Hof lag unter mir, in wütender Mittagssonne, die Geräteschuppen gegenüber und zur Rechten, schon auf dem zum Bach abstürzenden Fels, die Scheune, fast ein Turm; die Steinstiege zum Garten war verrottet, zerbrökkelt, der Garten von Jahre altem Gras überwuchert – »Zum deutschen Kaiser Josef II.« heißt die Gastwirtschaft jetzt, ehemals »Neunteufel«, Landstraße 51. Zwettl ist eine Gründung der Kuenringer, »nachdem ihr Ahnherr, Azzo, im Jahr 1056 vom deutschen Kaiser bei Eggenburg (die Ruine Kühnring ist heute noch zu sehen) eine größere Landschenkung erhalten hatte, begann ihr Vordringen in den bis dahin undurchdringlichen ›Nordwald‹, in das Niemandsland zwischen der Mark und Böhmen. 1139 wird Zwettl erstmals urkundlich genannt, als Hadamar I. von Kuenring, Besitzer der Burg und Herrschaft Zwettl, aus Heiligenkreuz Mönche kommen ließ und drei Kilometer unterhalb am Kamp das zweite österreichische Zisterzienserstift gründete. Die Rodungsarbeit ging weiter bis nach Weitra, wo 1170 die österreichischen mit den böhmischen Kolonisationstruppen zusammenstießen, so daß der Kaiser eine bestimmte Grenze festzulegen gezwungen war. Das ursprüngliche Dorf am Fuße der Burg wurde nach wiederholten Brandschatzungen durch die Böhmen auf der Felsterrasse zwischen Kamp und Zwettl als Siedlung neu gegründet. Den Bewohnern verlieh Herzog Leopold VI. im Jahre 1200 besondere Vorrechte, die heute gemeinhin als Stadtrechte anerkannt werden. Von etwa 1250 bis ungefähr 1850, also durch 6 Jahrhunderte, blieb die Stadt auf den durch dicke Mauern mit drei Mauttoren und mehreren festen Türmen, von denen noch heute 7 erhalten sind, eingeschlossenen Raum beschränkt und trotzte dieserart den Hussiten (1426/27) und auch den Ungarn unter Mathias Corvinus (1486). Oft standen durch viele Jahre nach Kriegen oder Seuchen sogar Häuser öd und leer. Selbst der kaiserliche Erlaß vom 20. Dezember 1857, mit dem in Wien die Festungsmauern und Basteien fielen und die Bautätigkeit auf das Glacis übergriff, machte auf die nahe der Grenze gelegene Stadt wenig Eindruck. Von 1820 bis 1877 (57 Jahre) kamen nur 24 Häuser dazu. Erst nach dem Zweiten Weltkrieg begann das große Bauen.« Ich erkannte die Häuser an der Landstraße, und die Geschäfte, kaufte da und dort ein; er ist, ich weiß nicht, weshalb, häufig beim Uhrmacher gewesen, nicht, weil Ditta in dem Haus wohnte, und auf der Post, die es an dieser Stelle nicht mehr gibt; ich frage die Sehenswürdigkeiten ab, die die Festschrift nennt, aber er hat sie anders gesehen, oder gar nicht, nie ist er in der Propstei gewesen, obwohl sie am Weg zur Molkerei liegt, nur die Stadtkirche, die L's Revier war, wo er sie manchmal beobachtete, wie sie auf ihre Leichen wartete,

aber kein Waldlehrweg,

keine Schwarzalm,

keine neue Mühle,

kein »gepflegter schattiger Stadtpark«,

kein »modernes Sommerbad«,

sondern die beiden Flüsse, die Zwettl, die in den Kamp mündet,

der Hof, die Pawlatschen, die Wirtsstube, die Toreinfahrt, die paar Straßen, die Wälder über der Zwettl und dem Kamp, die Ödnis beim Bahnhof, Autowracks und, fern, die Stimmen der Erwachsenen, die eine andere Stadt bewohnten als er.

»Jurys Haus oder Die zugewiesene Falle«

Ich habe das Haus wiedererkannt. Es hat sich, finde ich, nicht verändert. Oder hat es einen anderen Verputz? Es ist hell gewesen. Das Haus war die Falle, es war die Zuflucht. Mimi N. bestritt erst, daß wir je dort gewohnt hätten, sie wußte es nicht mehr, erst als ich ihr die Wohnung schilderte, in der es eine »altdeutsche Trinkstube« gegeben habe, holzgeschnitzter Schrank, holzgeschnitzte Eckbank, holzgeschnitzter Tisch, glaubte sie mir, es sei die Wohnung eines Ingenieurs gewesen, der vor den Russen geflohen sei, ein Nazi, und sie könne auch sagen, wer sich dann die Trinkstube angeeignet habe, da befinde sie sich jetzt noch.

Das Haus war so groß geblieben wie in meinem Gedächtnis; es war nicht kleiner geworden wie die Straßen, Plätze, die Gärten und Höfe vor allem.

Mimi N. konnte nur vermuten, wie wir in die Wohnung des Ingenieurs gelangt seien. Es muß nach der ersten Nacht gewesen sein, jener Nacht in einer Wirtsstube auf Bänken und Tischen, die nur Tante K. noch erinnert. Wahrscheinlich habe Vater von der leerstehenden Wohnung erfahren und man habe uns eingewiesen; oder wir haben die Wohnung, nachdem uns gesagt worden war, sie stehe leer, von uns aus in Besitz genommen. Ohne irgendeinen zu fragen. Das ist möglich gewesen.

Unsere Wohnung war im Parterre.

Aber niemand hat uns gesagt, daß im ersten Stock Jury gewohnt hat, der Gauleiter von Niederösterreich.

Wir sind arglos gewesen. Oder wir sind getäuscht worden, es kann sein, daß man froh war, die Flüchtlinge untergebracht zu haben, gleichgültig wo. Stimmt die Mitteilung der Stadtgemeinde Zwettl über unsere Ankunft, so sind wir am 2. Mai in Jurys Haus gezogen. Es muß sehr schönes Wetter gewesen sein. Wir waren bester Laune, rannten durch die große Wohnung, Mutter und Tante K. rissen die Schränke auf, sie zerrten Stoffe aus einer Truhe, drapierten sie um sich, Großmutter versuchte, sie zu hindern, sie zerrten an den Stoffen, die auseinanderschlissen, ein Geräusch, das er haßte, er lief in die Küche und warf eine gebrauchte Tasse, die auf dem Tisch stand, auf den Boden,

er hat es getan, indem ich es erzähle, begreife ich, daß der Ingenieur mit seiner Familie überstürzt aufgebrochen sein muß,

worauf Großmutter rief, es ist nun genug; sie hatte die Zimmer verteilt, obwohl sie dann alle, zusammengetrieben von der Angst, in einem Zimmer schliefen.

Das Haus faßt einen Nachmittag, eine Nacht, einen Mittag meiner Erinnerung. Tante K. kann nicht sagen, wie lange wir dort geblieben sind, mehr als drei Tage sicher nicht. Vom Haus konnte man den Fluß sehen, die Brücke, auch die Gerungser Straße.

Vater war die Treppe hinaufgegangen ins erste Stockwerk, es war, so schien es, verlassen.

Noch am Abend dieses Tages marschierten die sowjetischen Truppen ein, also am 2. Mai; oder haben sich diese Tage zusammengezogen?

Die Russen kommen! Das war ein Ruf gewesen, der sich an vielen Orten wiederholte, den Hitlers Propagandisten besonders laut schrien, Schrecken aussäend, und was dann geschah, war oft Schrecken genug. Auf der Straße hatte es jemand gerufen, oder die Großmutter, die am Fenster saß, die schon in Brünn jederzeit wußte, was sich vorm Haus und im Haus abspielte, sie liefen zum Fenster, auf der Gerungser Straße fuhren zwei Panzer, ein oder zwei Lastwagen und Pferdewagen –,

es ist eines von jenen Bildern, die das Gedächtnis nicht zerrieb, ein kindlich-helles Bild; es entzückte ihn: auf den Panjewagen standen Rotarmisten, die Zügel in der Hand, die Beine breit, und wippten mit dem holpernden Wagen, sprangen, tanzten, ließen die Peitsche wirbeln, und die kleinen Pferde galoppierten wie toll den Panzern hinterdrein; es ist wieder da, er hörte ihre Rufe, ihr Schnalzen durch die geschlossenen Scheiben.

Sie verbarrikadierten sich, schlossen sämtliche Fenster, Türen, sie hatten demnach Schlüssel, wer hatte sie ihnen gegeben?, redeten leiser; die Frauen bereiteten das Nachtlager vor, und der Vater verbot ihnen, Licht anzumachen,

er trieb Allotria, und sie verboten es ihm, seine Mutter

sagte, er sei in solchen Situationen stets verquer. Sie hätten nicht schlafen können, sagt Tante K., auf der Straße sei Lärm gewesen, vereinzelte Schüsse, Schreie, Schläge auch gegen Holz, dann das Dröhnen der Panzer, die fremde Sprache,

er hat geschlafen, ich habe geschlafen, er wachte von einem gewaltigen Krachen auf und merkte, daß alle anderen in der Dunkelheit standen; legt euch wieder hin, sagte Vater, zieht die Decken über den Kopf; Mutter und Tante K. hatten sich geschminkt und spielten alte Weiber; er und L. hatten gelacht, sie seien toll häßlich; er zog sich zusammen, nicht, daß er sich nicht gefürchtet hätte, aber zugleich überflutete ihn ein Wohlbehagen: er richtete sich auf das Grauen ein;

die Haustür splitterte, Glas barst, jetzt kommen sie an die Wohnung, sagte Vater,

mach ihnen auf, sagte Mutter,

er zauderte,

es ist besser, sagte sie, sie werden nicht so in Rage sein,

er wartete, sie hörten Schläge,

geh, sagte sie,

er ging.

Sie hörten Reden; lange Zeit, jetzt dehnt sich die Zeit, alles verlangsamt sich,

viele Soldaten drängten sich durch die Tür, allen voran Vater und ein Offizier, der fließend Deutsch sprach,

er warf die Decke zur Seite, stellte sich neben die Männer,

bleib liegen, sagte Vater; er ist halt neugierig, sagte der Offizier, er war, ich schwöre es, ein Oberschlesier gewesen, behauptete hernach Großmutter, auf die habe ich einen Piek, er mischte sich unter die Soldaten, sie lachten, schubsten ihn, schauten mit Taschenlampen auf die Betten,

meine Tochter, sagte Vater,

meine Schwester,

meine Frau,

meine Mutter,

ah, Babuschka, sagte einer der Soldaten, sagten mehrere und grüßten sie.

Du bist Jury, sagte der Offizier, und sie schoben Vater zur Tür hinaus. Der Offizier sprach jetzt nicht mehr Deutsch, Vater redete Tschechisch, sie brüllten aufeinander ein. Irgend etwas ist falsch, sagte Großmutter. Er versuchte, zur Tür hinauszuschlüpfen, doch ein Soldat paßte auf, schob ihn zurück.

Sie warteten auf Vater. Die Frauen heulten, wimmerten, wären wir nicht hergegangen, wären wir bei N's geblieben, also war ihnen schon die Körstube angeboten – das ist der Abend, von dem ich viel weiß, weil Großmutter und Tante K. bei jeder Gelegenheit erzählt haben: so habe sich das Unheil angezeigt; die Beschwörungen des Bösen, das Gemurmel des Fatalismus, die Hingabe an den Niedergang.

Der Soldat gab ihm einen Ranken Brot;

Vater kehrte zurück;

noch ein paar Stunden, fast die ganze Nacht, versicherte Tante K., es wird so lange nicht gewesen sein, wir müssen hier raus, sagte er, und dann folgte im flüsternden Stakkato die Erzählung: man habe ihn, man hat mich verwechselt, das ist das Haus des Gauleiters, er heißt Jury. Er liegt oben, tot, hat sich in den Kopf geschossen, er ist tot, sonst ist niemand da.

Ich lasse ihn reden:

aber den haben wir zuletzt gefunden, sie haben mich für den Jury gehalten, haben mir ein Foto gezeigt, es ist wahr, ich sehe ihm ähnlich, es ist verblüffend, er hätte auch sagen können: er sieht mir ähnlich, aber nach dem, was sie von ihm erzählt haben, wie ich ihn aus Briefen herauslese, kann er es nur so gesagt haben, nicht anders, sie drohten, wenn sie Waffen im Hause fänden, würden sie mich auf der Stelle erschießen; sie drückten mir die Läufe ihrer Maschinen-pistolen in den Rücken,

er hatte, ich habe den Eindruck von Wehleidigkeit, es be-hagt mir nicht, obwohl Vater allen Grund dazu hatte, es war ihm elend, sie hätten ihn umbringen können, eine ge-meine Verwechslung,

auf dem Boden haben sie in allen Ecken und Luken ge-stöbert, doch nichts gefunden, sie haben mich durchs Haus getrieben, und erst am Schluß haben wir Jury gefunden, er liegt im Wohnzimmer, der ganze Teppich ist voller Blut und Hirn, ein schauderhafter Anblick. Er trägt seine Uniform.

Es ist eine banale Geschichte.

Er schlief rasch ein, sie alle. Morgens wachten sie an einer raschen Folge von Detonationen auf.

Die Deutschen kommen womöglich zurück – sie sagten: die Deutschen, als hätten sie sich in der Nacht von einem Ufer abgestoßen, das sie verabscheuten, verheert von Brän-den, bewohnt von Aussätzigen – die Deutschen, es waren aber russische Soldaten, die mit Eierhandgranaten Fische im Fluß fingen, in voller Montur ins Wasser sprangen und die Fische mit aufgerissenen Bäuchen ans Ufer brachten, naß, sich schüttelnd, es sind Barbaren, sagte Großmutter, toll, rief er, Mutter schüttelte sich: verrückt, es machte ihm Spaß, sie waren fremd mit ihren kahlgeschorenen Köpfen, den Stehkragenblusen, den Reithosen, Barbaren, sagte Großmutter.

Zwei Arbeiter holten Jury.

Tante K. sagt, sie wisse davon nichts.

Ich weiß es, ich habe zugeschaut:

Es hatte im Hause gepoltert, Leute hatten geächzt, und er war, gegen das Verdikt der Mutter, aus der Wohnung ge-schlichen. Zwei Männer, ich erinnere sie als sehr groß, fett; mein Gedächtnis hat sie aufgeschwemmt, erschrocken von ihrer Tätigkeit, schleppten einen Mann, einen Goldfasan, wie Vater die Leute in der gelbbraunen Parteiuniform nannte, durchs Treppenhaus. Er war tot, schwer. Die Treppe zur Haustür ließen sie ihn einfach hinunterrutschen, schleiften ihn durch die Tür und legten ihn auf die Steinplatten vorm Haus. Er war steif.

Es wurde ihm übel, als er sah, daß von dem Gesicht nur noch eine Hälfte vorhanden war, die andere war ein schwarzer Grind. Der Tote roch süß und bitter, er roch grün. Einer der Männer brachte eine Schubkarre, die stellte er neben der Leiche ab; der eine sprang mit einem Male auf die Brust des Goldfasans und hob die geballte Faust,

es war, entsinne ich mich, nicht die Geste des Triumphes oder der Erlösung, sondern die der Verzweiflung eines Gepeinigten,

sie warfen ihn auf den Schubkarren, legten ihn zurecht und fuhren davon; ihn scheuchten sie weg, als er eine Weile neben ihnen her ging,

keiner hatte ein Wort gesprochen; bis auf das Stöhnen, währenddem sie ihn schleppten, das Schleifen und Rumpeln des steifen Körpers, hatte sich alles stumm abgespielt, so ist es gewesen,

deine Phantasie, sagt Tante K., weil Rudi mit den Russen den Toten oben in der Wohnung gefunden hat, denkst du dir das weiter, hast es als Bub schon getan, und jetzt glaubst du, es sei so gewesen,

es ist so gewesen, sagte ich,

gut, sagt sie, ich will es dir nicht ausreden, während sie mir fortwährend etwas einreden, meine Erinnerung einschüchtern will und ich nicht mehr merke, ob es ihre Erzählung ist, ob meine, ob ich es weiß.

Sie hatten schon zum Aufbruch gerüstet, Vater hatte wahrscheinlich das Haus verlassen; von da an erinnere ich mich nicht mehr an ihn, als die Russen mit ihren Fischen einbrachen, laut parlierend, fuchtelnd, die Fische zeigend, voller Eifer, mit den Händen Töpfe formend, uns vorspielend, daß sie kochen und essen wollten, hatten sie geklingelt, geklopft, hatte die Tür aufgestanden?, er mochte dieses Ungestüm, es stimmte ihn zutraulich, er hörte auf die Wörter, die sich wiederholten, die sich aus den Gaumen preßten und von schweren Vokalen gedehnt waren:

sie wollen kochen, sie sind verrückt, sagt Tante K., sagt Mutter, Großmutter holt Töpfe, sie packen alles auf den Wohnzimmertisch des Ingenieurs, die schleimig-blutigen Fische, Kartoffeln, Roterüben, eine Tüte Kümmel und dicke Milch,

sie machen Borschtsch, sagte Großmutter.

Wir verschwinden, sagte Mutter, einer verstand es, schüttelte den Kopf, nix weg, zeigte wieder mit den Händen, daß wir mit ihnen essen sollten,

Mutter nickte,

haben wir zugesehen?, haben wir in einem anderen Zimmer gewartet?,

es roch bald, sie kochten rasch,

die Suppe war fett, und es wurde uns schlecht,

wenn ihr euch übergeben müßt, geht raus, sagte Mutter zu L. und mir, besser ist es, ihr haltet es zurück, die könnten beleidigt sein,

sie schmatzten, jauchzten, schöpften uns unaufhörlich die Teller voll, wir aßen langsam, is gutt?, is gutt?, wir nickten, gegen unsere Kehlen drückte das Fett – haben wir den ganzen Nachmittag gegessen?, es zog sich lang hin,

sie redeten miteinander, wir verstanden es nicht, sie lachten viel, klatschten sich auf die Schenkel, zeigten bisweilen auf uns, lachten, redeten, wir waren in ihren fremden Sätzen gefangen, furchtsam, aber lachten mit,

so hat uns Jurys Haus freigelassen, die Falle hatte sich geöffnet; es blieb uns nichts als die Körstube an der Pawlatschen.

»Die Körstube (I)
oder Noch einmal Jurys Haus«

Ich habe Tante K. angerufen, sie gefragt, wo sie untergekommen sei, als wir in die Körstube zogen, als Vater noch nicht im Gefangenenlager gewesen sei, denn wir könnten, vermute ich, nicht zu sechst in der Stube geschlafen haben,

aber wir hätten da noch gar nicht in der Stube gewohnt, doch, ich wüßte es genau, jetzt sähe ich Vater, wie er auf der Altane gesessen habe, krank,

das stimme nicht,

aber ich bin mir sicher, alles was sich abspielte, ehe Vater ging, verbindet sich mir mit dem knarrenden Holzboden, der Enge, N's Wirtsstube, und daß Vater über den Hof ging, mit schleppenden Schritten, ein wenig nach vorn gebeugt, wie er an der Küchentür stand, sich mit den Händen am Türrahmen abstützte, wir seien mittags zu N's Essen gegangen, aber wir hätten nicht dort gewohnt,

wir sind nach dem Einmarsch nicht gleich umgezogen?,

nein,

aber die Russen haben doch das Haus requiriert?,

später, wir waren eine ganze Zeit in Dr. Z's Wohnung,

zum ersten Male höre ich den Namen von Mimis Ingenieur: Ist dir der Name jetzt eingefallen, als wir uns über die Wohnung unterhielten?,

jetzt werden die Sätze in Vaters Briefen aus dem Gefangenenlager deutlicher, die nach der »gemütlichen Stube« fragen und ob die »Ostarbeiter« dort noch ihr Büro hätten,

es ist also nicht das Zimmer an der Pawlatschen, in dem Vater und Mutter noch zusammen waren, sondern die feudale Wohnung des Dr. Z., Jurys Haus, und alles, was ich zurückrufe, hat die Umgebung des N'schen Anwesens, keine hellen Zimmer, keine alte deutsche Weinstube, und ein Garten, den sie mieden.

Trifft die Mitteilung des Magistrats Zwettl zu, daß wir am 1. Mai 1945 in Zwettl eintrafen, dann hielten wir uns 24 Tage in Jurys Haus auf, denn in einem Brief Vaters steht, er sei am 25. Mai in Gefangenschaft gegangen. Mein Gedächtnis bestreitet diese Tage, rafft sie, verlegt sie: es ist, als hätte ich sie damals nicht erleben wollen. Aber sie kehren, mit Stimmen, zurück.

Die Eltern hatten sich, schon auf der Flucht von Olmütz nach Prag, dauernd gestritten, oder Vater schwieg, er konnte, wenn er verletzt war, tagelang schweigen, die Kinder hatten den Streitigkeiten zugehört, verstört, denn sie konnten nicht hinaus geschickt werden wie zu Hause, fast immer ergriff er, schweigend, die Partei der Mutter, Großmutter und Tante K. redeten, obwohl Vater sie zurechtwies, mit, Rudi hat doch im Grunde recht, Eri, es ist deine Schuld,

er liebte seine Mutter in derartigen Momenten, sie war so jung wie er, nicht wie Vater, es war ihm gleichgültig, ob sie Vater betrogen hatte oder nicht, sie war ihm vertrauter, sie hatten vor, sich zu trennen, was er schon in Olmütz geahnt hatte, aber nicht wahrhaben wollte, als Mutters Unruhe sie alle behelligte, sie oft fort war und wieder kam, in Zwettl hatten sie es ausgesprochen, irgendwann, vor ihnen, und Großmama hatte dazwischengeschrien, Tante K. geheult, Vater war in sich zusammengesunken, schon krank, sein Magen schmerzte, Mutter jagte durchs Zimmer,

warum nur sie schuld habe, es sei nicht so,

ist, ist, ist nicht so, ich schreibe mich in eine von der Erinnerung ausgewiesene Szene hinein; er ist nahe daran, über Vater und Mutter herzufallen, sie zu prügeln,

Vater sagte: Ob wir nicht erst diese Zeit überstehen müssen, miteinander?

Mutter sagte: Meinst du, wir könnten es, ich glaube es nicht.

Vater sagte: Es ist eine andere Situation, Eri, es ist vorbei, wir leben jetzt hier, für ein paar Monate. Was dann kommt ...

Mutter sagte: Aber du machst mir Vorwürfe, du redest nicht mit mir, du kannst nicht nachgeben, du willst immer dein Recht haben, nur deines, wie soll ich da atmen können?

Vater sagte: Du verlangst nur, daß ich vergesse. Was bist du für ein Mensch. Du bist zu dem Kerl gegangen, während ich in Meseritsch war, nicht ich, du hast mich vergessen, nicht ich dich.

Mutter sagte: Du lügst, du wäschst dich selbstgerecht rein, ich will das vor den Kindern nicht sagen, aber so war es nicht, warum bist du nach Brünn gefahren und nicht zu mir, warum?

Vater sagte: Du verdrehst alles.

Großmutter wimmerte: Aufhören, es hat doch keinen Zweck.

Tante K. sagte: Eri, laß Rudi in Frieden.

Ja, ja, ja, schrie Mutter, in Frieden, in eurem Frieden; L. hatte sich, wie oft, in eine Ecke gekauert und kaute an den Nägeln,

ich schreibe es nach: der Junge hatte zwischen seinen Eltern gestanden, brüllte: Ihr macht alles kaputt, ihr seid Schweine, ich habe es gewußt, ihr werdet uns allein lassen, und es wäre besser so, wir brauchen euch nicht mehr, ihr seid keine richtigen Eltern, ihr seid gemein, ich hau ab, ich nehm die L. mit, wir finden schon was, wir gehen zu N's oder zu den Russen, die nehmen uns auf,

sie starrten ihn an, seine Stimme dröhnte in ihm, es war ihm, als wäre er ein leerer Raum, dann riß Mutter ihn an sich, und er schluchzte,

sie redeten nicht viel miteinander, die ganze Zeit, sie gingen umeinander herum, Vater litt sehr, er trug Medikamente bei sich, aß wenig, sie hatten es nicht gewollt, und ihre Stimmen sind leiser geworden, ohne Zärtlichkeit, doch aufmerksam, bis zuletzt, als sie sich vielleicht wieder liebten, oder wenigstens verstanden,

ich habe das nachgeholt, und als ich in drei Briefen las, die aus den Jahren 44 und 45 erhalten geblieben sind, habe ich rekonstruiert, was ich vergessen wollte; ich habe sie noch einmal erreicht, voller Trauer, sie verlieren zu müssen, als ich sie noch gar nicht verloren hatte,

»wenn Du sagst, ich träume manchmal Illusionen«, schrieb sie ihm schon im September 1943, »so weißt Du vielleicht nicht, wie unglücklich ich bin; wenn einer überflüssig ist, dann ich mit meiner unglücklichen Natur«,

und Weihnachten 44 schrieb er: »vielleicht werden diese Stunden, die wir getrennt voneinander durchleben, die Brücke bauen dazu, daß wir wieder ganz zueinander finden«,

und sie, später: »so bin ich also jetzt nur die Verwalterin unserer Wohnung und die Betreuerin der Kinder«,

sie schwiegen, Vater blieb in der Wohnung, und wieder erinnere ich ihn auf einem wackligen Stuhl auf der Altane, er las, er fürchtete sich, auf die Straße zu gehen, wegen der Russen, sie könnten ihn mitnehmen, Mutter wusch, kochte, war noch jäher als sonst, und er drängte sich in ihre Exaltationen, auch in die Ausbrüche von Mutlosigkeit, die sie zunehmend überkamen,

was soll ich denn hier noch, fragte sie,

die Kinder, alle, waren schon weit fort von ihr,

als die Bekanntmachung kam, alle Männer, die der Wehrmacht angehört hatten, müßten sich bei der sowjetischen Polizei melden, berief er sich auf die Pflicht, nicht auf das Unglück, das ihn schwach und hilflos gemacht hatte, er ging,

sie brachten ihm Schuhe zum Sammelplatz,
Vater und Mutter küßten sich durch den Stacheldraht,
»ich denke jetzt«, schrieb Vater am 26. 6. 1945 in der Gefangenschaft, »viel an Peter und seine Enttäuschungen.
Vielleicht ist er aber doch noch so unverdorben, daß er alles
gar nicht so fühlt.«

»Der Verlust des Vaters oder Exkurs in die Gegenwart«

Er wird Rudi immer ähnlicher, hat Großmutter später gesagt, was ich nicht hören wollte, was ich auch nicht glaubte,
denn ich habe ihn als verschlossenen, schwerfälligen Mann
im Gedächtnis, scheu, auch gegenüber seinen Kindern;

hin und wieder griff der Junge seinen Vater an, unbegrün-
det, wollte ihn herausfordern, doch das gelang kein einziges
Mal – Vater sprang auf, schlug ihn;

aber das Gedächtnis hatte den Mann an den Rand gedrängt, er war fort, er hatte das Kind nicht erreicht, obwohl
er es, in den Briefen schrieb er es, sehr geliebt hatte; ich
kann dich nicht verstehen, sagt Tante K.,

ich suche nach Erklärungen: Vielleicht hat er, nachdem
die Eltern sich hatten trennen wollen, und er einbezogen
war in den Zwist, sich unwillkürlich gelöst, hatte sich losge-
sagt – aber er war, ich weiß es, parteiisch gewesen,

er hatte schon vorher, als Neunjähriger, geträumt, daß er
mit seiner Mutter fliehen werde, Vater zurücklasse, daß der
sich verzweifelt bemühe, sie zu finden;

er war gefangen, doch der Sohn war ihm nachgelaufen,
um ihm die Medikamente zuzustecken, verspätet versuchte
er, ihn zu erreichen: der Zwang, die Gefangenschaft verän-
derten den Vater.

Jetzt ist er zurückgekehrt.

Ich schrieb einen Aufsatz über Zwettl, er wurde in einer deutschen und in einer österreichischen Zeitung veröffentlicht, es kamen Briefe aus Zwettl, Anrufe, die von meinen Eltern redeten, von L., Tante K. und mir, die mich aus dem Präsens rissen, klein machten, zu einem Kind, zum Halbwüchsigen, die von ihm erzählten.

Ich wehrte mich.

Aber es setzt sich fort.

L. schickte mir die Briefe, die Vater aus dem Gefangenenlager an Mutter geschrieben hatte, in Ölpapier eingewickelt von Großmutter, darauf die mit Bleistift notierte Widmung: Den Kindern zum Vermächtnis, fast unleserlich – sie hatten uns die Briefe nie zum Lesen gegeben, hatten sie versteckt. Später, wenn ihr erwachsen seid!, und die nachgeholte Lektüre korrigiert das kindlich gebliebene Gedächtnis: daß ich, wenn ich an Vater und Mutter dachte, sie immer »alt« sah, groß und schwer (zumindest Vater), eine Sprache sprechend, die der meinen überlegen war, mächtig und erst am Ende in überraschender und bestürzender Ohnmacht, daß ich sie so sah – da ich dies schreibe, bin ich so alt wie mein Vater, als er starb, und fast vier Jahre älter als meine Mutter zum Zeitpunkt ihres Todes. Ich bin ihnen, es erschreckt mich, voraus, und ich habe dennoch nicht das Alter erreicht, das sie für ihn erreicht hatten, 1945, während sie in die Enge gedrängt ihr gemeinsames Leben zu erhalten versuchten,

in den Briefen agieren sie anders, dennoch jung, was sie mir nicht vertrauter macht, denn der Junge stellt sich dazwischen, der mittlerweile mehr weiß und sich weigert, sie anders zu sehen als damals;

nur, daß der Vater zurückgekommen ist;

daß sie von ihm reden;

daß die Geschichte repetiert wird und weitergeht; damit

hat es begonnen, daß sie das Kind erzählten und daß mein Gedächtnis sich widersetzte, dagegenredete,

ich habe geschrieben: Vater saß in einem grauen, zu weiten Anzug auf der Altane, er ist nicht in Uniform in Gefangenschaft gegangen – in einem Brief sagt er, er müsse aufpassen auf seinen Anzug, denn woher solle er Kleider bekommen.

Arbeitskommandos hatten die Briefe aus dem Lager geschmuggelt.

Am 25. 5. 1945 war Vater in Gefangenschaft gegangen.

An einem der nächsten Tage erhielt Mutter bereits den ersten Brief, auf mürbem Papier, die ersten Briefe sind mit Tintenstift geschrieben, die weiteren mit Bleistift; es sind 28 Briefe, der letzte wurde am 16. 7. 1945 abgesandt – ich denke mir aus, wie er sich Papier besorgte, erbettelte, wie er den einzigen Bleistift hütete und mit einem geliehenen Taschenmesser spitzte, denn er mochte Taschenmesser nicht,

»unser Schicksal ist nicht geklärt. Wir sollen heute nochmals ins Lager zu einer ›Generalvisite‹. Und von dort –? Vielleicht werden einige entlassen, vielleicht kommen andere zu dieser Arbeitskompanie? Wir können zunächst nur abwarten«,

unter seinen Mitgefangenen waren viele aus der nächsten Umgebung, sie kannten den ehemaligen Truppenübungsplatz, sie wußten Stellen, über die sie Päckchen und Briefe erreichen konnten, offenbar kamen bisweilen auch Frauen ans Lager, »abenteuerliche Exkursionen« nannte dies Vater, denen sich Mutter nie anschließen sollte,

»es gibt eine Möglichkeit, mir Post zugehen zu lassen. In das hiesige Lager Kaufholz am Tr.Übungsplatz Döllersheim kommt öfter ein Ingenieur, der in Allensteig wohnt. Versuche mit Hilfe N's herauszubekommen, wie man Post nach Allensteig dem Herrn bringen könnte (evtl. wird das auch der Bürgermeister wissen, da noch mehr Zwettler den Kriegsgefangenen Post über den Herrn zukommen lassen wollen). Die Adresse ist: Ingenieur S., Allensteig, Gutsverwaltung Truppenübungsplatz Döllersheim. Müßtest ein kurzes Schreiben beilegen und bitten, den Brief für mich (Name) Herrn Oberstleutnant M., Lager Kaufholz, Baracke 14, auszuhändigen. – Wissen möchte ich gerne:

ob Ihr unbehelligt geblieben seid,

ob Ihr gesund seid,

ob und unter welchen Umständen Ihr zwei bis drei Monate in Zwettl bleiben könnt,

ob Ihr noch bei N's seid und dort verpflegt werdet?«

sie seien, sagt Tante K., beinahe verrückt geworden vor Freude, als der erste Brief ihnen gebracht wurde, jeden Brief hätten sie viele Male gelesen,

das habe ich vergessen, oder, vielleicht, hat der Junge sich nicht darum gekümmert, die Grüße des Vaters dankend angenommen, er befand sich an der Peripherie, in seine Spiele ließ er sie nicht ein,

ich erinnere mich auch nicht an die Versuche, die sie unternahmen, Briefe in das Lager zu schmuggeln; sie sind bei fremden Leuten gewesen, erzählt Tante K., eine Frau S. hatte gute Verbindungen, ja, sie hätten sich aufgeregt, Rudi hat ja dann geschrieben, daß er keine Briefe kriegt, er hat vier Wochen lang keine Post erhalten, während viele der anderen längst Kontakt hatten;

er klagt: »Warum schreibst Du nicht?«, er schreibt, grübelt, plant, was werde, wenn er freigelassen ist;

er will wieder in die ČSR gehen, aber »ich höre, die Lage ist katastrophal, die Deutschen werden ausgesiedelt, ein Kamerad aus Znaim weiß, daß sie dort einfach über die Grenze getrieben worden sind«, er will sich an die tschechischen Verwandten wenden, auch, daß er kein Nazi gewesen sei, könnten viele bezeugen, »daß ich vielen durch meinen Beruf geholfen habe, indem ich möglich gemacht habe, daß sie aus dem KZ entlassen wurden, vor allem Tschechen – ich habe wirklich gegen dieses verhaßte Regime gekämpft, nicht wie die, die heute laut schreien«,

wie es im Lager zugeht, berichtet er nicht,

»Ihr könnt es Euch denken«,

sie hätten argen Hunger, er dehne sich seine Brotration über den ganzen Tag, dazu zweimal Suppe, und gäbe es Kartoffeln, sei ein Festtag;

er fühle sich matt

»ich bin wieder gesund«, schreibt er am 7. 7.,

er wartet auf Nachricht – fragt er sich, die Tage in Jurys Haus erinnernd, ob sie ihm nicht schreiben wolle?,

»es war schlimm, so, wie es gewesen ist«,

»ob wir doch nicht noch einmal anfangen sollten miteinander, den Krieg vergessend?«,

»Du mußt Dich damit abfinden, daß wir alles verloren haben, das ist gewiß«,

er wird in Gruppe III eingeteilt, es sind die Maroden, denen keine schwere Arbeit zugetraut wird, und ab 27. Juni soll er Schreibarbeiten verrichten, »der bürokratische Kram nimmt zu«,

er liest Kapps Buch ›Wagner und die Frauen‹ an einem Sonntag, schwärmt in den folgenden Briefen, wie ihn die Lektüre alles habe vergessen lassen, er habe überdies einen Kameraden gefunden, einen Wiener Theaterkritiker, mit dem er sich abends unterhalten könne;

ich kenne das Buch nicht;

er hört, daß K. und Peter nach Brünn gereist sind, und beunruhigt sich – es habe keinen Sinn, derzeit solche Touren zu unternehmen;

er zitiert am 5. Juli 1945 eine Nachricht, die im Lager verkündet worden sei: »Die Konferenz von San Franzisco ist beendet. Es wurde ein Weltsicherheitsverband gegründet.

Die Bildung einer internationalen Streitmacht zur Verhinderung von Friedensstörungen wurde vereinbart. Über die Besetzung von Sachsen und Thüringen, die von den Russen erstrebt wird, liegen noch keine Nachrichten vor (daraus ergibt sich also, daß Sachsen und Thüringen *nicht* zu den Tschechen gekommen sind). General Paulus ist in Berlin. Gerüchte besagen, daß er Reichskanzler wird und die Reichsregierung schon gebildet wird. In Moskau ist eine Konferenz zur Festlegung der deutschen Reparationen. In diesen Tagen treffen Churchill, Stalin und Truman zusammen«,

in einem späteren Brief weiß er, Paulus sei Kanzler in Berlin;

am 28. Juni, endlich, erreicht ihn die erste Post aus Zwettl: »Wie ein Mensch glücklich werden kann! Dieser Tag ist für mich zum Feiertag geworden. (Genau vor 17 Jahren! habe ich das Referendarexamen gemacht.) Als OBSTL. M. mich holen ließ, da ein Paket und ein Brief bei ihm lägen, traute ich meinen Ohren nicht. Nachdem ich beides in Empfang genommen hatte, mußte ich erst einmal meine Erregung auslaufen, ich bin mit den Sachen im Lager herumgegangen, und dabei ist alle Erschütterung über unsere neue Trennung ausgebrochen, die Nerven haben sich gemeldet. Und dann habe ich mir einen stillen Platz im Lager, unter einer Tanne, gesucht, zuerst Deinen Brief gelesen und dann den Wäschebeutel ausgepackt – Stück für Stück. Hab Dank für alles, vor allem aber für Deinen lieben Brief – und besonders für die Worte, daß auch Du in Liebe an mich denkst«,

ich habe sie beide verleugnet, vergessen, nur der Junge in Jurys Haus, der sich zwischen sie stellt, der sie verabschiedet, ist bei ihnen geblieben, er hat gesucht,

von diesem Tag an bekam Vater die Briefe;

er bat um Zigarettenpapier und um Büchsenkäse, falls

der noch zu haben sei, er sorgte sich, ob die Aufenthaltsgenehmigung verlängert und ob das Geld reichen würde; Mutter solle, wäre Not, zuerst ihren Schmuck und dann seine Wertgegenstände – Taschenuhr, Ring, Tabatière – verkaufen. Nach dem 16. 7. brach die Korrespondenz ab.

Sie warteten; ihn ergriff der Wirrwarr, er geriet in die Not der Erwachsenen: alle Gedanken hatten sich dem gefangenen Vater zugewendet, Großmutter saß tagsüber jammernd auf der Pawlatschen, Tante K. fragte die einzelnen Boten ab, nur Mutter, aus dem Krankenhaus entlassen, bewegte sich stumpf, entrückt, als habe sie der ferne, unbekannte Tod getroffen, als sei eine Verbindung, die sie am Leben hielt, abgerissen; Dr. L., der sie besuchte, und in dessen Ordination sie hinüberging – Gänge, die der Junge, lädiert von ihrer Unerreichbarkeit, verfolgte –, verstand es, sie aufzumuntern, es sei, wiederholte sie, möglich, daß man die Gefangenen verlegt habe; er hatte nie bemerkt, wie sie Briefe an Vater schrieb, nun sieht er sie, am Tisch der Körstube, stundenlang, sie müht sich um jeden Satz, schreibt gegen einen Widerstand; die Frauen hatten, auf wessen Veranlassung?, Kontakt zu einem Pfarrer aufgenommen,

ein Wiener Pfarrer, behauptet Mimi N., über ihn seien auch die weiteren Dokumente an die Familie gelangt,

ja, es hat einen Pfarrer gegeben, sagt Tante K., aber er ist doch in Zwettl gewesen,

offenbar hatte der Pfarrer Zugang zum Lager oder er war ein geduldeter Vermittler, denn der Chefarzt des Lagerlazaretts des Kriegsgefangenenlagers III, Döllersheim, schreibt ihm am 6. September 1945: »Sehr geehrter Herr Pfarrer! Auf die Nachfrage der Frau H., zur Zeit wohnhaft in Zwettl, die sich wohl mit Ihnen heute in Verbindung zwecks Weiterleitung meines Briefes gesetzt hat, teile ich

Ihnen folgendes mit: Ihr Mann, der Gefr. Rudolf H., wurde am 16. 7. 1945 –«,

am selben Tag hatte er den letzten Brief geschrieben, in der Baracke, im Freien hockend, das Papier auf dem Knie, es könnte sein, er hatte schon Schmerzen, er spricht von Mattigkeit und Hunger, sie seien, die IIIer, unlängst zu schwerer Arbeit eingesetzt gewesen, hätten Holzstämme 6 km schleppen müssen, aber, fügt er hinzu, der Hinweg sei herrlich gewesen, sie hätten mehrmals gerastet und sich an der Landschaft erfreut, er fragt: Ob die Aufenthaltsgenehmigung gesichert sei,

er hat den Brief noch einem Boten geben können; hat ihn der Schmerz jäh hingerissen, hatte er ihn nicht erwartet, wußte er in dem Augenblick, daß er sterben müßte, war er bei Bewußtsein, als sie ihn nach Edelbach fuhren?

»– wurde am 16. 7. 1945 ins Lazarett mit der Diagnose ›akuter Darmverschluß‹ eingewiesen und noch am gleichen Tag zur sofortigen Operation in das Lager Edelbach gebracht. Über seinen weiteren Verbleib ist mir leider nichts bekannt. Das Lazarett Edelbach ist unterdessen aufgelöst worden, so daß vorläufig weitere Nachforschungen wohl aussichtslos sind, bis die Krankenbücher von dem Rest des Lazaretts, das sich derzeit wahrscheinlich in Rußland befindet, nach Deutschland übersandt werden können. Ich bitte dies Frau H. zu übermitteln und bedaure sehr, daß ich keine weitere Auskunft geben kann. Mit dem Ausdruck vorzüglicher Hochachtung Ihr Dr. H.«,

ich habe vor der Baracke B des Lazaretts Edelbach gestanden, sie ist Unterkunft für Soldaten des österreichischen Bundesheeres, von ihren Fenstern kann man auf die Hochebene schauen, ein ödes und mächtiges Land, an dessen Rändern sich schwarze Wälder aufbauen; es ist anzunehmen, daß der Lazarettfriedhof schon damals, als die Gefangenen und Sowjetsoldaten das Lazarett aufgaben, eingeebnet wurde: ein Feld, auf dem Wildgras und Unkraut wuchern;

die Frauen verzehrten sich in der Suche; der Junge floh, er konnte sie nicht mehr hören und später, wenn Großmutter, längst über den Tod ihres Sohnes unterrichtet, erklärte, sie wisse, er lebe, sie habe es im Gefühl, brach er in Zorn aus und bat sie, zu schweigen;

er sei ungezogen und unmenschlich, ein miserabler Sohn;

am 27. August 1945 ließen sich die Frauen von der Stadtgemeinde eine Bestätigung geben, sie hatten vor, selbst in Edelbach nachzuforschen: »Frau Erika H., wohnhaft in Zwettl, Landstr. 51, fährt in Begleitung von Käthe H. nach Edelbach, um Nachforschungen nach ihrem dort befindlichen Ehemann anzustellen. – Es wird gebeten, sie passieren zu lassen und nicht zu behindern«,

der Weg sei, erzählte Tante K., abenteuerlich gewesen, sehr viele Sperren, niemand habe ihnen sagen können, wo sich das Lazarett befunden habe,

die Bescheinigung ist abgestempelt: »Göpfritz-Döllersheim, 2 September 45, Schalter 1«,

ja, bis Göpfritz seien sie gekommen, aber alle Versuche, in den Lagerbereich zu gelangen, seien vergeblich gewesen; ich erinnere mich, E. war außer sich vor Erschöpfung;

Tante K. bemächtigte sich aller Arbeiten, die mit der Suche zusammenhingen, sie schickte Briefe an den Suchdienst der »Sendergruppe Alpenland«, an das Rote Kreuz, während Mutter dem resignierend folgte, zur Seite geschoben wurde von den beiden resoluten Frauen und es den Anschein hatte, als sei sie, die Ungetreue, mit schuld an dem Verlust des Sohnes, des Bruders, was zu Auseinandersetzungen führte, in die er sich erbittert einmischte –

du hast hier nichts zu sagen –

und die sie entfremdeten, schon vor dem Fortgang aus Zwettl;

die Linzer Agence Centrale des Prisonniers de Guerre vom Comité Internationale de la Croix-Rouge antwortete am 8. 2. 46 auf eine Anfrage:

»Wir haben Ihr Schreiben erhalten und müssen Ihnen leider mitteilen, daß wir von den Kriegsgefangenensendungen, die von Genf durchgegeben werden, keine Liste vorliegen haben. Wir empfehlen Ihnen, beiliegende Suchkarte ausgefüllt an unsere Anschrift zurückzusenden, welche wir nach Genf zur Nachforschung weiterleiten. Der Delegierte: Sophie M.«

Im April 1946 verließen sie Zwettl, reisten über Schwarzenau nach Wien, wohnten bei Bronka, einer russischen Jüdin, die unvergleichlichen Bohnensalat zubereiten konnte, ohne Unterbrechung rauchte; Bronka schien selbstsicher und unanfechtbar; ein Transport, der auf einem Güterbahnhof im französischen Sektor Wiens bereitgestellt wurde, brachte H's, auf zahllosen Umwegen, nach Deutschland, nach Nürtingen;

es wurde seine Welt, er war unterwegs, er schloß sich Kinderbanden an, er stahl Trockenmarmelade und die Cigarette de Troupe, rauchte, obwohl ihm manchmal Männer, sich über dreckige Lausejungen aufregend, die Zigarette aus dem Mund schlugen, im Lager Wasseralfingen war ihre Horde gefürchtet, und die Bauern verfolgten sie;

auf dem Transport hatte Mutter einen Mann kennengelernt, D., einen derben, immerfort fröhlichen Kerl, und ihre alte Wildheit brach durch, sie sang, sie schien beherzt und vergnügte den Waggon; dem Jungen war es gleichgültig, da sie sich nicht um ihn kümmerte, ihn allenfalls anherrschte; seine Einsamkeit veränderte sich – er hatte sich an die vielen Spielarten des Alleinseins gewöhnt; in Nürtingen lebten Mutter und D. eine Weile zusammen, sie hatten sich von Tante K. und Großmutter getrennt; D. fand seine Frau wieder und entfernte sich zögernd von Mutter;

sie zogen, Mutter, er und L., in die Neuffener Straße 75;
ich weiß, daß sie noch einmal nach Vater gesucht hat, sie
erhielt, über Tante K., die sie nur selten und unwillig traf,
Nachricht von seinem Tod;

den Kindern sagte sie es nicht.

Sie lebte neben den Kindern her, sorgte für sie, schickte
sie in die Schule, kaufte ein, kochte, brachte sie zu Bett. Sie
lebte, ohne daß sie noch atmen mußte. Am 6. Oktober 1946
nahm sie Schlaftabletten, schlief und röchelte vier Tage lang,
ohne zu erwachen, und starb am 10. Oktober. Großmutter
und Tante K. verließen ihr Notquartier und zogen zu den
Kindern.

Nebenher erfuhr er, daß Vater gestorben sei, er hörte es,
ohne Eindruck, es war von einer vergessenen Geschichte
die Rede und von einer Gestalt, die sich gewandelt hatte in
seinen Träumen, Vater, der totgesagt wurde, war ein anderer. Er hatte Namen für ihn.

Er erwartete nicht, daß er zurückkehre.

Der Apotheker J. S. aus Zwettl schrieb, nachdem er in
der Wiener Zeitung ›Presse‹ meinen Aufsatz gelesen hatte,
am 7. 1. 1971:

»Erlauben Sie mir, Ihnen in der Anlage zwei Exemplare
der Zeitung ›zwettl aktuell‹ zu übersenden, die sich auf
Seite 2 unter dem Titel Information mit Ihrem Beitrag über
das Jahr 1945 beschäftigt, das Sie und Ihre werte Familie in
Zwettl verbracht haben. – Das harte Schicksal, das Ihre
Familie hier erlebt hat, ist mir bekannt. Trotzdem nehme
ich an, daß Sie nach Maßgabe Ihrer Zeit unserer Stadt einen
Besuch abstatten werden«,

er lud mich ein,

ich hatte geschrieben, ich wisse nicht, wo Vater begraben
liegt, und dieser Satz hatte einige Leser in Unruhe versetzt,
auch Dr. U., einen Wiener Bekannten, der den Komman-
danten des Truppenübungsplatzes, Oberst B., »als besten

Kenner der Materie« fragte, ob nicht »doch in irgendeiner abgelegenen Ecke das Grab H. zu finden sei« oder »die Toten auf eine andere Grabstelle übergeführt wurden, und wenn ja, wohin«. Der Oberst antwortete am 19. 1. 1971: »Ihrer Bitte entsprechend habe ich mich bemüht und sämtliche Möglichkeiten zur Auffindung des Grabes ausgeschöpft. Leider muß ich Ihnen mitteilen, daß diesem Bemühen kein Erfolg beschieden war, da die russische Besatzungsmacht bei ihrem Abzug vom Truppenübungsplatz ALLENSTEIG keinerlei Unterlagen über angelegte Gräber hinterlassen hat. Bei Übernahme des TÜPL-A durch das österreichische Bundesheer konnten keinerlei Grabstellen gefunden werden«,

ich bat, die Sache nicht weiter zu verfolgen, keine Briefe mehr mit Amtsstellen zu wechseln, ich zog mich zurück: ich habe versucht, mir Vater zu vergegenwärtigen, einen großen, schweren Schatten,

eigentlich war er Astheniker, sagte Tante K., wie du auch, aber ich habe das Lächeln nicht durchdringen können, das ständig sein Gesicht überschwemmte, verdeckte, auch auf den wenigen Fotos, die von ihm erhalten sind – er war sicher gehemmt, schüchtern, und ich habe mir eingeredet, er sei ängstlich, wenn nicht feig gewesen, bis sie mich widerlegten, die über seine Tätigkeit unter den Nazis berichteten, er habe Tschechen und Juden aus den Lagern geholt, mit Hilfe einiger geschickter Richter, habe jedoch nie darüber gesprochen, weil er die Familie nicht habe gefährden wollen – jetzt reden sie ihn um und machen mich hilflos;

sie gaben keine Ruhe mehr: der Beauftragte des Rotkreuz-Suchdienstes für Niederösterreich, F. F. aus Zwettl, meldete sich am 25. Jänner 1971, er habe den Abdruck in der ›Presse‹ gelesen, Herr J. S. habe sich mit ihm in Verbindung gesetzt, und desgleichen habe sich bei ihm »die

Tochter des damaligen Gastwirtes N. gemeldet und uns bekanntgegeben, daß Ihr Vater von der damaligen örtlichen Besatzungsmacht im Bereich des ehemaligen Truppenübungsplatzes DÖLLERSHEIM verschleppt wurde«,

er ist nicht verschleppt worden, Fräulein Mimi, er hat sich gemeldet,

ja, ich hab das nicht gesagt, so nicht, er hätte ja nicht gehen müssen, er hätte sich nur verstecken sollen, wie mein Bruder, der Richard, der lebt jetzt in Wien, wissen Sie?,

Vater hatte aus der Gefangenschaft geschrieben: »es ist einfach unvorstellbar, daß R. jetzt ganz ungeniert auf der Straße herumgeht, auch die anderen, während wir hier gefangen sind – ich neide es ihm nicht, gerecht ist es auch nicht«,

»Fräulein N. gab uns außerdem bekannt, daß Ihr Vater später im oder um den Bereich des Truppenübungsplatzes verstorben wäre. Weiters teilt die Genannte mit, daß die letzten Habseligkeiten Ihres Vaters von einem Pfarrer an die Familie N. übermittelt und später an eine Wiener Adresse weitergegeben worden seien«,

es waren ein Notizbuch und die goldgeränderte Brille, Tante K. erinnert sich, das Notizbuch habe sie für mich aufgehoben;

aber die Wiener Adresse?,

»wir vermuteten in der Folge, daß es sich offensichtlich bei Ihrem Vater um ein ungeklärtes Vermißtenschicksal handelt. – Unter einem stellten wir dann durch die örtlichen Sicherheitsdienststellen (Gendarmerie Posten Göpfritz d. d. Wild) Ermittlungen an und bekamen von dort die Auskunft, daß auf dem Ortsfriedhof von SCHEIDELDORF ein ehemaliger Wehrmachtsangehöriger namens HEINZ HÄRRING, geboren 11. 7. 1914, verstorben am 2. 6. 1945, begraben liegt. Heinz HÄRRING wurde – offensichtlich von der Besatzungsmacht – auf der Flucht erschossen. Wir können im Moment leider nicht feststellen, aufgrund welcher Unterlagen die Personalien des Heinz HÄRRING festgestellt wurden, vermuten jedoch, daß es sich bei dieser Person um Ihren Vater handelt«,

das ist Unsinn, erklärte Tante K., als ich sie telefonisch von dieser Mitteilung unterrichtete – ich habe die Unterlagen, wir wissen doch, wo der Rudi liegt;

ich hatte nie danach gefragt, ich hatte es vermieden, mit Tante K. und Großmutter über ihn zu sprechen, denn Vater war allmählich zum Heiligen geworden,

schick mir die Sachen, bitte;

das Päckchen enthielt: ein Soldbuch, eine Bescheinigung der Stadt Olmütz, daß JUDR Rudolfu H., nar 4. 1. 1906 wv Glauchau Sasko bytem wv oloumouci Vodni ul. c 16 politisch unbescholten sei, ausgestellt am 16. 10. 45, veranlaßt von den suchenden Frauen, einen Ärztlichen Sterbeschein und eine »Todesanzeige« des Stabsarztes von Lazarett »B«,

aus dem Soldbuch fiel ein Brief, in dem sich eine Barbara von L. am 12. 7. 1936 bei R. H. bedankt für die Güte und das Feingefühl, das er im Falle ihrer Tochter aufgebracht habe, ein unsinniges Überbleibsel, vielleicht sein erster Mordprozeß oder eine sentimentale Erinnerung an die apostrophierte junge Dame;

Heinz Härring könne nicht mein Vater sein, widersprach ich F. F., dem Rotkreuz-Beauftragten, mir stünden nun Papiere zur Verfügung, die ihm sicher weiterhelfen, darunter eine von dem Stabsarzt und Feldarzt Dr. F. unterschriebene »Todesanzeige«:

»Lazarett ›B‹ des Kriegsgefangenenlagers No. 2 Edelbach/Döllersheim – Allensteig – den 23. Juli 1945.

Am 21. Juli 1945 um 16.30 Uhr verstarb auf Block O der Panzergrenadier Rudolf H., geboren 4. 1. 1906 in Glauchau. Heimatanschrift: Frau Erika H., Zwettl, Landstraße 51. Todesursache: Lungenembolie

Beisetzung: erfolgte am 23. Juli 1945, 9 Uhr auf dem Soldatenfriedhof hinter dem Lazarettgelände
  Grablage: III. Reihe, Grab No. 1

Skizze:

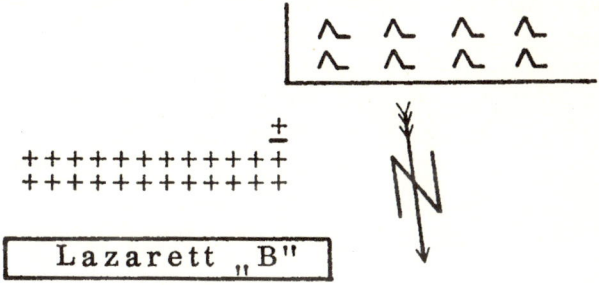

Lazarett „B"

Nachlaß: ein Soldbuch mit drei Fotos, eine Bescheinigung
und Mark 27 (siebenundzwanzig), eine Brille, ein Notizbuch.«

In dem ärztlichen Sterbeschein vom 22. 7. wird als Krank-
heitsursache »Dickdarm ileus« angegeben, die Krankheit
habe zehn Tage gedauert, die »letzte Behandlung« fünf
Tage, er sei am 21. 7. 45 um 16.30 gestorben;

aber er hatte doch am 16. 7. noch geschrieben, aus seinem
alten Lager, und der Brief des Lagerarztes Dr. H. widerspricht diesen Angaben;

sie werden einfach etwas eingetragen haben, sie haben es
mit den Angaben nicht so genau nehmen können;

F. F. antwortete unverzüglich:

»Als Einheimischer, der ich den Bereich des seiner-
zeitigen Truppenübungsplatzes Döllersheim sehr gut kenne,
kann ich Ihnen hinsichtlich des ehemaligen Lazarettfried-
hofs mitteilen, daß ich selbst noch in der Zeit vor dem Ende
des Krieges im Reservelazarett untergebracht war. Offensichtlich wurde dieses Lazarett von der damaligen russi-

schen Besatzungsmacht ebenfalls als Kriegsgefangenen-Lazarett verwendet. Heute befindet sich im gleichen Bereich eine Truppenunterkunft des Österreichischen Bundesheeres. – Vor einigen Jahren wurde hinter der Truppenunterkunft ein kleines Objekt errichtet. Hierbei kamen bei Grabungen Skelette zutage«,

der Oberst aber hatte versichert, er wisse von Gräbern auf dem Terrain des Übungsplatzes nichts, »meine Bestrebungen als Suchdienstreferent des österreichischen Roten Kreuzes in der näheren und weiteren Umgebung nach weiteren Skeletten zu suchen, wurden nicht befolgt. Es war aber auch von Grabhügeln nichts zu sehen, doch ist anzunehmen, daß die Russen nach dem Jahre 1945 sämtliche Grabstätten eingeebnet haben. – Nun besteht für mich die Möglichkeit, anhand der in Ihren Händen befindlichen Skizze zu beweisen, daß an dieser Stelle noch weitere Grabstätten zu finden sind und hiermit eine Exhumierung der auffindbaren Skelette durchzuführen ist.«

Ich bin hingefahren, habe mich mit Mimi N. unterhalten, sie erzählte, vor drei Jahren sei Tante L. in Zwettl gewesen, auch um nach dem Grab zu forschen,

ich erinnere mich: die Reise war ergebnislos verlaufen, Tante L. hatte, das wurde aus Mimis Erzählung deutlich, eine Spur von Verwirrung und Unmut hinterlassen,

es gibt dort nichts, hatte sie mürrisch gesagt, bloß Schlagbäume, Soldaten, aber keine Gräber;

F. F. erwartete mich, ich möge mit auf sein Amtszimmer kommen;

man habe das Grab gefunden;

die Skizze habe gestimmt;

wahrscheinlich seien es elf Gräber, oder neunzehn;

Grabungen seien veranstaltet worden;

Sie wollen es sehen, nicht wahr?;

ich antwortete nicht;

ich werd' die Kommandantur anrufen;

die Kommandantur weigerte sich zuerst;

es sei, kommentierte F. F., eine delikate Sache, dem Bundesheer sei es unangenehm, daß die Grabstellen so spät an den Tag kämen, daß man nach dem Bau und dem Fund einiger Skelette nicht weitergeforscht habe – Sie verstehen?

Wir bekamen dennoch die Genehmigung, hinter einem Militärjeep fuhren wir her, Sperren öffneten sich, Soldaten salutierten, am späten Nachmittag gegen halb fünf, zur Stunde, da mein Vater gestorben war, fast genau 26 Jahre danach, am 26. Juli 1971, stand ich vor dem Grab meines Vaters, dritte Reihe, erste Grube; ich habe seine Stimme nicht hören, mir sein Gesicht nicht vorstellen können, aber ich weiß jetzt, welche Landschaft, welchen Ausschnitt von Landschaft er gesehen hat, an welche Decke er geschaut hat in der Baracke »B«,

ich habe seine Geschichte eingebracht in die unsere, in die Zeit zwischen Mai 1945 und April 1946.

Ob ich wünschte, daß die sterblichen Überreste nach Deutschland übergeführt würden?

Nein, er solle hier bleiben.

Wir fuhren zurück nach Zwettl, F. F. sagte, die Grabungen seien sensationell, alles nur Ihnen zu danken und Ihren Angehörigen!, es stehe morgen ein Artikel in den ›Zwettler Nachrichten‹, die würden schon ausgedruckt sein, wir sollten anhalten, er wolle mir, Dr. U. und sich ein Exemplar holen: »Auf dem Gebiet des Truppenübungsplatzes Allensteig (früher Döllersheim) im Bereiche des neuen Lagers stieß man bei Erdaushubarbeiten in zirka 90 cm Tiefe auf sieben menschliche Skelette … Da nun angenommen werden konnte, daß noch weitere Soldatengräber vorhanden sein müßten, forcierte man auf Initiative von Fachoberinspektor F. die Untersuchungen und zog dazu einen der bekanntesten Fachleute auf dem Gebiete der Exhumierung, Herrn L. aus Kassel, BRD, bei. L.s Arbeitsgebiete liegen im gesamten westlichen Europa sowie in Nordafrika. Seine Erfolgsquote bei der Identifizierung unbekannter Soldaten liegt bei zirka 40 bis 45%. – Mitte Juni konnte nun die Expertengruppe unter Leitung von Amtsrat H. vom Innenministerium bzw. Herr L. die Untersuchungen beginnen und stellte durch Sondierungen elf Gräber fest. Am 21. Juli wurden die Grabungen fortgesetzt, da man Hinweise erhalten hatte, daß noch an mehreren anderen Stellen des Lagergebiets Skelette liegen sollen. Vorerst wurden Orientierungsgräben gezogen, damit das Ausmaß der Begräbnisstätte festgestellt werden konnte. Im Anschluß daran öffnete man auf unser Bitten hin eine der markierten Stellen und stieß in zirka 1,05 m Tiefe auf das Skelett eines Menschen. «

Ich bin nicht mehr in Zwettl gewesen.

F. F. bat mich, ihm noch mitzuteilen, wie das Gebiß meines Vaters beschaffen gewesen sei, ob er Plomben gehabt habe. Einige Goldplomben, sagte Tante K.

Das schrieb ich ihm.

»Die Körstube (II)«

Vergangene Zimmer zu rekonstruieren, ist wie der Bau einer Höhle, von der man als Kind geträumt hat: man glaubt, dem geträumten Zustand nahezukommen, doch immer fehlt etwas, immer scheitert man an einer Lücke, die das Gedächtnis zu füllen nicht imstande ist –

sie sind eingezogen, ohne Vater, den er mitgeschleppt hatte, der dagewesen ist, den er, später, wenn ihm die Zeit in der Körstube einfiel, angeredet hat, der doch nie dagewesen ist, es stimmt, du kannst sicher sein, sagt Tante K., aber er hat das Zimmer gekannt,

es ist, erinnert sich Tante K., doch gleich zu Beginn als Notlösung diskutiert worden, gewissermaßen als letzte Zuflucht, aber da haben wir noch gelacht,

so, wie die Zeit in Jurys Haus sich fast zu einem Tag zusammenzieht, so dehnt sie sich in der Körstube, wird unendlich –

die Stube ist, ich konnte es ausrechnen, als ich durch das Fenster schaute, auf meinem unsicheren Streichgang über die Pawlatschen im Jahre 1971, etwa dreimal vier Meter groß, zwölf qm,

sie richteten sie ein,

sie haben sie nie eingerichtet, es sind einige Dinge hinzugekommen, zufällig,

er fragte, was eine Körstube sei: hier habe sich eine Behörde befunden, die mit Stieren zu tun gehabt habe, hier seien die besten Tiere in Karteien geführt worden, für die Zucht,

er fand in einem der Schränke, die rechts von der Tür standen, mit verschlossenen Rolltüren, die sie im Lauf der Zeit aufbrachen, um ihre Sachen unterzubringen, Blechklipps und eine Zange mit Nummernband, diese Gegenstände sehe ich noch deutlich vor mir: sie müssen ihn vergnügt, er muß oft mit ihnen gespielt haben;

Mutter und Tante K. schliefen auf den aneinandergerückten Schreibtischen, er und L. hatten ein Stockbett, von dem ich nicht weiß, wer es uns zur Verfügung gestellt hat,

ob wir von Anfang an in den Betten schliefen, nicht erst auf dem Boden, auf den Tischen?

Tante K. ist sich nicht sicher,

er schlief oben, L. unten,

die Stockbetten befanden sich an der Stirnwand des Zimmers, also:

man trat über die ziemlich hohe, breite und laut knarren-
de Holzschwelle, zur Rechten standen die Schränke, nahmen fast die ganze Wand ein, dann, der Tür gegenüber, das
Stockbett, in der Ecke ein Stuhl, in der Mitte der Wand zur
Linken führte eine Tür in Lintschis Wohnung, sie war ver-
schlossen und verstellt durch die angeschobenen Schreibtische, vor denen, schon in der Nähe des Eingangs, ein kleiner Tisch mit drei Stühlen stand. Zwischen Schreibtischen
und Fenster war eben noch Platz für einen weiteren Stuhl,
den man an die sehr tiefe Fensterbank rücken konnte, die
als zusätzlicher Tisch benutzt wurde, die Fensterbank war
in Kniehöhe;

hier saß Großmutter meistens; sie schlief bei Lintschi,
tagsüber hielt sie sich bei uns auf;

das Zimmer beengte sie, trieb sie zusammen und rieb sie
auf, sie stritten sich oft,

und in den ersten Wochen, als sie die Russen fürchteten,
schien es ihnen, als bekämen sie keine Luft mehr, als wäre
es eine stickige Zelle,

er las ihnen vor, abends, Mutter strickte, »es freut mich,
daß Du eine so nützliche Beschäftigung gefunden hast«,
schrieb Vater aus Döllersheim, sie hatten NSV-Bestände
geplündert und mehrere Wollknäuel erobert, sie strickte für
die Kinder, für N's, dafür bekam sie ein wenig Geld und
»Naturalien«,

er las – er habe schon in der Volksschule gut vortragen
können – las mit Ausdruck die Geschichte eines Karpaten-
wolfes, deren Autor, Titel und Inhalt ich nicht mehr weiß,
nur, daß es fortwährend schneite,

Notiz am 16. 3. 1972: Die Verwundung nimmt, seit ich an
diesem Buch schreibe, zu: Ich habe Halluzinationen, wache
nachts alle halbe Stunde auf, aus Träumen, die, zu meiner
Verwunderung, krasse erotische Handlungen haben müssen, die jedoch, im Aufwachen, erlöschen, ich höre Stim-

men, jemanden »Peterle« rufen, den Kosenamen, mit dem mein Vater mich rief, den ich verdrängt hatte, den ich auch hier nicht geschrieben habe; das Märchenbild Pjotrs taucht in regelmäßigen Intervallen auf; notiere ich Gespräche mit Tante K., bin ich unaufmerksam und finde beim Nachlesen Auskünfte, die mich überraschen,

er hatte kein Spielzeug;

L. schlief mit ihrer Puppe;

in den Nächten lauscht er auf den Atem der anderen;

er redete mit sich, er redete mit Ditta, mit Pjotr und mit Mutter; wo hat der Ofen gestanden?,

sie haben geheizt, im Winter, obwohl es bitter kalt war und sie Mäntel anziehen mußten;

manchmal hörten sie Lintschi und ihre Schwester hinter der Tür lärmen, aber für ihn war die Körstube kaum mehr als die Bastion über dem Hof, ein Schlupfwinkel und das in der Nacht flüsternde Gehäuse einer ungenauen, ihn einschnürenden Angst.

»Der General oder Umgang mit Rotarmisten«

Der General saß auf einem Schimmel und hatte, wie eine Pelerine, ein rotes Bettlaken um seine Litewka geschlungen, einen Purpurmantel, an dem der Abendwind zerrte; der General wirkte sehr klein auf dem Pferd, er saß unbewegt und nahm die Siegesparade ab; neben dem General und seinem Pferd standen aufgereiht ein paar weitere Offiziere, zu Fuß, und ein Dutzend leerer Panjewagen, die anscheinend zur Parade nicht benötigt wurden; die Truppen zogen an dem General und der Pestsäule auf dem Dreifaltigkeitsplatz vorüber;

es war ihm nicht erlaubt gewesen, auf die Straße zu gehen, dazu noch am Abend, aber er hatte die Soldaten singen gehört, und es war ihm gelungen, aus dem Zimmer zu schlüpfen, die empörten Rufe der Mutter im Rücken,

»laß den Jungen bitte nicht herumstromern und vor allem nicht mit den Russen vertraulich werden«, hatte Vater aus Döllersheim geschrieben – er mochte es, wie sie sangen, zuerst immer einer, der in der ersten Reihe, meist mit einer hohen, beweglichen Stimme, dann die anderen, die Bässe;

er war die Landstraße hinuntergelaufen, neben den Kolonnen her, es waren kaum Zivilisten unterwegs, wenige Kinder, alte Frauen, hinter den Fensterscheiben lugten ein paar Leute,

es hatte geheißen, wenn sie den Sieg feiern, werden sie alle besoffen sein, sie werden noch schlimmer sein als je zuvor;

die Stadt hatte zwei Wochen unter dem Kriegsrecht gestanden, es war geplündert, viele Frauen waren vergewaltigt worden, Greuelmärchen wurden ausgetauscht, Frauen versteckten sich tagelang, Schmuck wurde vergraben, aber was die Soldaten am liebsten stahlen, außer Uhren und Ringen, waren Musikinstrumente, Ziehharmonikas, Mundharmonikas, Flöten – er hatte zugesehen, wie sie, unter dem Gezeter des Besitzers, ein Klavier auf einen Lastwagen verluden und der neue Eigentümer, voller Glück, schon auf dem anfahrenden Auto zu spielen anfing; Fahrräder und die letzten Autos, darunter auch das des Arztes, wurden requiriert;

sie zogen am General vorbei, der unermüdlich grüßte, einige trugen Fackeln, die Szenerie war so feierlich wie geheimnisvoll; war die jeweilige Kolonne am Hauptplatz angelangt, machte sie kehrt und marschierte von neuem an dem General vorüber; so fand die Parade kein Ende – doch der General und sein Pferd rührten sich nicht, obwohl der Umzug immer ungezügelter wurde, manche Soldaten aus den Reihen ausbrachen, in den Höfen verschwanden, dort

zu tanzen begannen und bald über der Stadt ein bacchanti-
sches Getöse lag, das die Einwohner einschüchterte und
warnte,

er lief nach Hause, im Hof rotteten sich schon Soldaten
zusammen, sie hatten ein Feuer angezündet, lagen und saßen auf der Erde, und sie riefen ihn, Bub! Junge! Pjotr!,
einige kannten ihn, sie gaben ihm Tee zu trinken, auch
Schnaps, sie zogen ihn an sich, ihre Uniformen rochen nach
Tabak und Schweiß,

er hatte sich nie gefürchtet, sie waren freigebig, oft unbe-
holfen, zeigten, wenn sie gut gelaunt waren, Fotografien
von zu Hause, und sie feierten Feste, wie er sie nicht gekannt hatte; sie dauerten die Nacht durch, wurden laut,
versetzten die Frauen jedesmal in größte Angst: die Fenster
wurden noch dichter abgedunkelt, die Tür verrammelt, es
bestand absolute Schweigepflicht, sie lagen schlaflos, horch-
ten, steif von Reglosigkeit, auf jeden Schritt, und wenn
Soldaten auf die Pawlatschen kamen, die Holzbohlen unter
ihren Stiefeln krachten, hörte das Zimmer auf zu atmen;

die Feste gediehen allmählich; es konnte sein, am frühen
Abend, saß einer auf dem Trittbrett und spielte Ziehharmonika, dem gesellten sich andere zu, putzten ihre Stiefel, bür-
steten die Uniformjacken, liefen, waren die Hosen naß vom
Fischen und über die Kühler der Autos ausgebreitet, in
Unterhosen herum (an der Zwettl erschreckten sie Leute,
indem sie splitternackt badeten und sich danach ungeniert
sonnten), summten jetzt mit, klatschten gelegentlich mit
den Händen den Takt, bis ein paar Männer ein gewaltiges
Stück rohes Fleisch angeschleppt brachten, Schnaps, Wein,
Bier, dann wurde das Feuer angezündet, kunstvoll ein Spieß
angefertigt und aufgestellt, jetzt sangen sie schon, einzelne
wiegten sich, die Männer ordneten sich zum Kreis, öffneten
am Hals die Litewka, das Feuer flackerte in ihren Gesich-
tern, in denen die Augen funkelten,

er sah ihnen fast immer zu – ihre Feste, wenigstens zu Beginn, waren für ihn Zuflucht: ihre zügellose Heiterkeit, ihre Freundlichkeit, Anflüge von Menschenwärme, der er naherückte;

das brutzelnde Fleisch verströmte einen Duft, der ihnen im Körzimmer den Speichel auf die Zunge trieb, aber er hütete sich, zu essen, einen Brocken anzunehmen, nachdem er es einmal, heißhungrig, getan hatte und der ausgehungerte Magen aufgemuckt hatte, er, die Hände vorm Mund davonrennen mußte, in der Toreinfahrt kotzte, was den alten N. zu einer Tirade über die nichtsnutzigen Säue, die Roten, verführte,

wir haben, sagte Mimi N., ungern von den Russen etwas genommen, es war meist nicht sauber und manchmal war das Fleisch schon hinüber,

sobald die Soldaten anfingen zu essen, verschwand er, drückte sich in die Schatten auf der Pawlatschen und wartete, bis sie tanzen würden; ihre Tänze liebte er; wie sie gelenkig waren, wie sie wirbelten und in die Höhe springen konnten, wie dann einer sich noch mehr hervortat und in einer Pirouette sich schier auflöste, wie die Sänger den Refrain jetzt jauchzten, sich manche Soldaten taumelnd umarmten, wie der Kreis ums Feuer enger wurde, wie sie sich an den Händen faßten, im Reigen tanzten, wie sie in einem lachten und weinten;

er klopfte nie an die Tür; er flüsterte: Mutti? Bist du es, Peter? Ja. Und sie öffnete kopfschüttelnd, es sei der schiere Wahnsinn, wenn sie ihn nur halten könne, er folge einfach nicht;

Mutter und Tante K. hatten bei den Russen gearbeitet, sie waren zu Einsätzen eingezogen worden, in den ersten Tagen hatten sie Panzer putzen müssen: sogar reingeschissen hätten die Kerle, und er fragte sich, wo sie hätten hinmachen sollen, beim Kampf, aber traute sich nicht, in ihre

Empörung hineinzureden, er spielte an der Panzerkette, kletterte hinauf, wollte hineinsehen, da drohte der Wachsoldat,

er ist von einem geschlagen worden, als die Gefangenen, unter ihnen Vater, durch die Stadt, die Hamerlingstraße, die Klosterstraße getrieben wurden, er neben der Kolonne herrannte, nach Vater suchte, ihn entdeckt hatte, rief, ein Soldat schlug ihm mit dem Kolben seiner Maschinenpistole in die Rippen, und als er nicht abließ, Vater zu rufen, schlug er ihn ein zweites Mal, er setzte sich, hilflos und wütend, auf eine Hausschwelle und sah sie vorbeiziehen;

ich habe später von dem General erzählt, von der Parade, dem roten Umwurf, und keiner glaubte mir, sie lachten, selbst während des Krieges sei es unmöglich, daß ein Offizier sich zum Hanswurst mache,

er hat sich nicht zum Hanswurst gemacht,

ein rotes Inlett!,

es war ein Purpurmantel, er spielte, die wenigen Kinder und Greise, die ihn sahen, waren beeindruckt von seiner Würde, der rote Mantel stand ihm gut;

sie sind, in den ersten Tagen, unberechenbar gewesen, überängstlich, durchsuchten die Stuben nach Soldaten, hielten die Maschinenpistolen im Anschlag, sie schossen schnell; die Berichte über ihre Grausamkeit überschlugen sich; sie wurden lüstern mitgeteilt, die vergewaltigten Frauen wurden gezählt, was man ihnen angetan habe, wurde bis ins Detail ausgeschmückt, vor den Kindern, die lernten, was man mit Frauen machen kann;

Einheiten der Wlassowarmee, die auf Seiten Hitlers gekämpft und in Prag sich wieder auf die Seite der Roten Armee geschlagen hatten, waren auf ihrem Rückzug nach Niederösterreich von den Rotarmisten zusammengetrieben und gefangengenommen worden; sie wurden in umstellten

Gebieten in den Wäldern gehalten, und nachts, ein paar Tage lang, hörten wir ihre Schreie, ihre Hilferufe;

die Soldaten waren, hatten sie Lust, gastfreundlich und freigebig; die Familie hatte bei N's zu Mittag gegessen, ein paar sowjetische Offiziere waren in die Wirtsstube gekommen, brachten Fleisch, sämtliche Zutaten in die Küche, die Frau solle kochen, dawai, der eine der Offiziere half Frau N., scherzte mit ihr, kam immer wieder in die Wirtsstube, in deren Mitte die Offiziere einen Tisch gerückt hatten und schon tranken;

Mutter und Tante K. flüsterten miteinander, sie planten, sich zu verdrücken, aber als Tante K. als erste durch die Küche hinaus wollte, hielt sie einer der Offiziere fest, nix, sie müßten mitessen;

mein Gott, wenn die so weitertrinken, sagte Mutter; Frau N. kochte, so hurtig es ging, und der Offizier assistierte ihr, unaufhörlich aus dem Schöpflöffel die Brühe kostend, schnalzend, er ging in die Küche,

geh zu deiner Mutter, sie braucht dich jetzt, sagte Frau N.,

jedesmal erreichten ihn die Ängste nicht, er merkte zwar die Spannung, aber er ließ sich nicht einbeziehen, vielleicht aus Trotz, ich weiß es nicht;

seine Mutter sagte: Das ist meine Tochter, das ist mein Sohn, Lore und Peter,

sie saß mittlerweile am Tisch der Russen, gemeinsam mit Tante K.,

die Männer tätschelten die Backen der Kinder: Du Hunger? Du auch? Gleich kommt gutt!,

die Männer gossen Schnaps in Wassergläser, reichten sie Tante K. und Mutter, die winkten ab,

doch, du trinken!,

sie nippten,

trinken!,

die Suppe wurde aufgetragen, wir aßen vorsichtig, inzwischen geübt, den Magen zu warnen,

gutt?,

ja, gut,

wir aßen, sie nötigten die Frauen und uns Kinder, noch mehr zu essen, zu trinken, als die Schüssel leer war, standen sie auf, bedankten sich bei den verblüfften Frauen, die sich hastig verabschiedeten – er rannte vor ihnen in die Toreinfahrt, warf die Arme in die Luft, hüpfte, meckerte: He, he, he!, erzürnte seine Mutter, er solle nicht blöde sein, es hätte auch anders ausgehen können – pscht! Nicht so laut, die könnten uns noch hören. So ist es gewesen, sagt Tante K., genau so.

Er stand neben dem Wachsoldaten in der Sonne, sah zu, wie er sich eine Zigarette aus Zeitungspapier wuzelte, wie er mit einem Blättchen in die Tasche seiner Reithose fuhr, die Hand kurz in der Tasche arbeitete und mit einer fertigen, ziemlich dicken Zigarette wieder herauskam; als Mutter im Krankenhaus lag, ging er den Rotarmisten eine Weile aus dem Weg, doch er schickte sich wieder in die Alltäglichkeit, bewegte sich furchtlos, gleichgültig oder neugierig unter ihnen, deshalb fast unsichtbar, ein Streuner, auf den sie nicht achteten; er hatte, unterm Drängen der Mutter, an seinen Vater in die Gefangenschaft geschrieben, und Vater hatte ihm in einem seiner letzten Briefe geantwortet: »Für Deine etwas verwirrten Zeilen danke ich Dir herzlich. Ich habe mich darüber gefreut und auch sehr lachen müssen. Du Lauser siehst wohl nur das Angenehme im Leben. So wird Dir der erzwungene Aufenthalt in Zwettl sicher ganz gut gefallen«,

ich kann mir nicht vorstellen, was er ihm geschrieben hat, aber seine Unsicherheit wird die Wörter wirr gemacht, er wird seine schützenden Narrheiten getrieben haben, die ihn nicht verrieten, sein sprachloses Entsetzen, das nur Pjotr der Sterngucker gemerkt hatte in den Unterhaltungen auf der Pawlatschen und das er vergaß, wenn er spielte, wenn er unterwegs war, wenn er den General bewunderte, dessen rote Pelerine und die paradierenden Soldaten.

»Die Körstube (III): Schlittschuhe und Todesriten«

Er war, als er die Schlittschuhe auf der Fensterbank liegen sah, erlöst gewesen; es war ihm gleichgültig, ob sie noch feiern würden, ob L. und er noch würden singen müssen,

er haßte, fürchtete die Weihnachtsabende, sie waren durch Vaters Sentimentalität zur Tortur geworden, auch durch seine eigene Aufregung, die ihn, als sie noch zu Hause waren, durch die Wohnung gepeitscht hatte, er war ruhelos herumgehüpft, bis ihn Mutter ins Kinderzimmer verwies, er solle sich beruhigen, solle nicht alle stören, der Weihnachtsmann werde nicht kommen, mitunter bekam er Schläge, wurde auf die Straße geschickt, und an dem Abend mußte er zu den schluchzenden Melodien, die ein Musiker des Theaterorchesters auf der Violine strich, singen, nachdem bereits der Gasofen explodiert, Mutter beinahe ums Leben gekommen und Großmutter fast an einer Wursthaut erstickt war,

als er die Schlittschuhe sah, dachte er nurmehr an den Eislaufplatz, an dessen Rand er oft neidisch gesessen hatte, jetzt konnte er mitspielen, ein Glied der endlosen Kinderkette werden, die der Rotarmist hinter sich herzog,

er mußte nicht singen,

Mutter hatte in die Fensternische einen kleinen Tannenbaum gestellt, an dem ein paar Kerzen brannten, sie standen gequält in der Dunkelheit, die Frauen schluchzten, dieser Geruch, der seinen Schädel auffüllte, eine Wolke von kurz Vergangenem, von Häuslichkeit, von Vater und Mutter, verstoßener Wirklichkeit – er stachelte seinen Widerwillen auf und machte ihn stumm, er würde nicht singen, er würde keinen Vers aufsagen, Marktundstraßenstehnverlassen, er begrüßte schreiend die Schlittschuhe, fiel seiner Mutter um den Hals,

wo sie die Schlittschuhe aufgetrieben hätten?,

Tante K. kann sich nur noch erinnern, daß es ziemlich aufregend gewesen sei, sie zu bekommen, aber von wem und wo? –

sie hatten in der Wirtsstube zu Mittag gegessen, alle sind besonders freundlich zu den Kindern gewesen, doch er hatte sich vor ihrer vom Tag aufgedrängten Sentimentalität gedrückt, war unterwegs gewesen, durch die Stadt gelaufen, hatte in die Parterrefenster gesehen, sich an den Festlichkeiten anderer geweidet;

der Schnee lag monatelang hoch, hatte den Frost durch die Tür und das Fenster der Stube gepreßt, sie hatten bitter gefroren;

er war spät nach Hause gekommen, sie hatten auf ihn gewartet, weshalb sie sich seinetwegen nur immer aufregen müßten, hatte Großmutter geklagt, er befand sich wieder in ihrer Höhle, roch sie, sie hielt ihn gefangen, er wünschte sich weg von ihnen; er müsse sich noch ein wenig ordentlich machen, gleich würde Heiliger Abend gefeiert, er wusch sich das Gesicht im Lavoir, in abgestandenem lauwarmen Wasser;

er und L. mußten – »nur kurz« – auf der Pawlatschen warten, sie sahen von außen zu, wie das Fenster verdunkelt wurde, dann rief Mutter, er entdeckte die Schlittschuhe, war glücklich, vergaß, daß er sich vorgenommen hatte, ihnen ihr Fest zu verderben, die Schlittschuhe nahm er mit ins Bett,

sie hatten noch, vor dem Baum, rund um die Fensterbank gesessen, er hatte vorgelesen, sie hatten ihm seinen größten Wunsch erfüllt; er paßte die Schlittschuhe den viel zu großen schwarzen Schuhen an, deren Sohlen sich unter den Klammern krümmten;

es sei, erzählte Tante K., noch ein komischer Abend geworden: Du hast, kannst du dich noch an die Lintschi erinnern?, plötzlich gesagt, als alle still waren: Pscht, die Lintschi stirbt!, und wir haben gespielt, daß die Lintschi stirbt, sind auf den Zehenspitzen herumgegangen, haben gelacht, haben warnend auf die Tür gezeigt, da war Lintschi schon tot,

da war Mutter schon ohne Sprache,

Lintschis Wohnung bestand für ihn aus katholischen Gegenständen: neben der Tür hing ein kleiner Wasserkessel, überm Tisch ein Kruzifix, und es gab ein Bild, auf dem Maria den blutenden Kopf Christi in ihren Schoß bettete, das Blut glänzte wie Lack, und der Himmel weitete sich in einem abscheulichen Rosa,

das Bild hatte mich beeindruckt,

er hatte sich zu dem Bild Geschichten ausgedacht, denn er kannte die Leidensgeschichte Jesu nicht genau,

daß diese Frau, gegen den Widerstand der Wächter, ihn vom Kreuz geholt habe, sie hatte ihn geliebt, er hatte sich von ihr getrennt, und sie hatte ihn erst am Kreuz wiedergefunden.

Lintschi und ihre Schwester unterhielten sich im breitesten Dialekt, den er nicht verstand, aber bisweilen strichen sie ihm ein Marmeladebrot, und er hörte aufmerksam ihrem Gerede zu;

Lintschi wurde bald nach ihrem Einzug krank, Doktor L. besuchte sie täglich, die Kinder wurden aufgefordert, leise zu sein, da Lintschi leide, und von einem Tag an hieß es, sie sterbe, pscht, die Lint-schi stirbt!,

er malte sich ihr Sterben aus, wie sie zusammenschrump-fe, von Krämpfen gerüttelt würde, wie ihr Leib verfaule, aber er mied die Stube und die Pawlatschen, während L. sich dem Sterben nebenan verband, ernst und im voraus trauernd herumschlich, die Hände gefaltet,

Lintschi starb nicht, sie lag wochenlang im Sterben, duckte ihre Umgebung, die nur noch flüsterte, sich be-mühte, lautlos zu sein, quälte ihre Schwester, ich wünschte sie ersticke oder falle aus dem Bett und breche sich das Ge-nick, sie lag, zwang uns zur abendlichen Pantomime, pscht-die-Lintschi-stirbt, vergällte dem Jungen jegliche Demut, trieb seine Schwester in eine schauderhafte Hysterie, in eine sie auszehrende Krankheit, die darin gipfelte, daß sie als Leidtragende Lintschis Schwester, Großmama und Tante K. zum Begräbnis begleiten durfte und erlöst wurde von dem Übel der Rücksicht,

Großmutter hatte mehr Platz im Zimmer nebenan, der Junge bemächtigte sich wieder der Pawlatschen, des gran-diosen Auslugs, von dem aus er die Welt, die ihn kränkte, in Brand legte,

und die Soldaten feiern sah, auch im Winter, wenn schwere Decken über den Motorhauben der Lastwagen lagen und das Feuer Muster in den Schnee fraß.

»Pjotr, der Sterngucker«

Abends, wenn sie in der Stube Licht anmachen mußten, brachten die Frauen schwarzes Papier hinter den Fenstern an, daß die Soldaten keinen Lichtschein sähen; ihre Angst war groß, sie steckte ihn an und schien ihm gleichermaßen lächerlich. Wurden Schritte auf der Pawlatschen laut, wurde den Kindern befohlen zu schweigen; sie mußten auf der Stelle stehenbleiben, keiner rührte sich, sie lauschten auf die sich nähernden, sich entfernenden Schritte. Bisweilen löste sich die Anspannung im Heulen der Frauen.

So erschien Pjotr; es muß gegen Abend gewesen sein, denn wiederum schwiegen sie, die Angst machte sie steif, sie hörten auf die Schritte, die näher kamen, hielten, es klopfte an die Tür, die Frauen regten sich nicht, als es erneut klopfte, sagte die Mutter ihm, er solle die Tür öffnen, während sich die Frauen hinter die Schreibtische zurückzogen, – auf der Schwelle stand ein sowjetischer Offizier,

er war groß, schlank, seine Uniform wirkte übermäßig gepflegt, elegant; sein Schädel war schmal, er hatte dunkle Haut, schwarzes volles Haar und blaue Augen,

er starrte ihn an, der Offizier verbeugte sich, nannte seinen Vornamen, seinen Nachnamen, aber gerufen wurde er hernach nur Pjotr und ließ es auch zu; über den gewinkelten Arm trug er eine Bahn Stoff und er fragte den Jungen auf Deutsch, ob er die Damen nicht bitten könne, den Stoff zu prüfen, sie hätten sicher Sachverstand; sein Deutsch war fehlerlos; er trat nicht über die Schwelle, wartete, und ich habe bis heute den Eindruck, daß er die Angst der Frauen merkte und sich ein wenig amüsierte; Mutter und Tante K. kamen zögernd hinter dem Schreibtisch vor, er verbeugte sich wiederum, zeigte den Stoff, er habe diesen Stoff bekommen, gestohlen hat er ihn, empörten sich, kaum war er verschwunden, Mutter und Tante K., wo die das Zeug jetzt nur noch auftreiben, nachdem alles ausgeplündert ist, habe diesen Stoff bekommen und frage sich nach der Qualität, die Damen wüßten sicher Bescheid; er lächelte, ich sage mir, daß er gelächelt haben *muß*, bei uns zu Hause ist man mit solcher Ware nicht vertraut. Tante K. und Mutter faßten den Stoff an, rieben ihn, sie müßten ihn unters Licht halten,

er bat darum, trat jedoch nicht ein, blieb auf der Pawlatschen, jetzt an die Balustrade gelehnt, eine ungewöhnliche
Erscheinung, der Junge starrte ihn an, entzückt, wich langsam zur Seite, ins Dunkel, damit der Offizier seine Blicke
nicht merke. Es sei, sagte Mutter, ein Stoff von feiner
Qualität, wahrscheinlich englischer, gut für einen Anzug.
Das nur habe er wissen wollen, er nickte, verneigte sich und
verschwand ins Haus, er hat auf jeden Fall eine Weile im
Vorderhaus gewohnt, einquartiert mit anderen Offizieren,
doch er ließ sich nie im Hof unter den Soldaten blicken,
auch nicht bei Festen, an denen stets Offiziere teilnahmen,

er stand von nun an allabendlich auf der Pawlatschen und
schaute in den Himmel; der Junge fand es merkwürdig,
traute sich freilich nicht an ihn heran; Pjotr hat ihn zu sich
gewinkt und gefragt, ob er die Sternbilder kenne, ob er sie
in der Schule gelernt habe; nein, er kenne sie nicht, und er
spielte Interesse nur vor, als Pjotr, der Sterngucker, begann,
ihm die Sternbilder zu erläutern, sie waren ihm egal, nicht
aber der Offizier, seine schöne Stimme, seine Hände, die er
immer wieder ansah: weiße, sehr langfingrige Hände mit
blanken Nägeln; an Pjotr war ihm alles fremd, sein Geba-
ren, sein Aussehen, seine Verschlossenheit; ich habe einen
Sohn wie du, sagte Pjotr und zeigte ein Foto, auf dem er
neben einer Frau und vier Kindern stand, ein Junge war ungefähr so alt wie er; ob er das seiner Mutter zeigen dürfe?,
er brachte das Foto in die Stube, es sei Pjotrs Familie, nette
Leute, sagten sie, bessere Leute; sie begriffen ihn nicht; er
solle nicht so lange bei dem Russen auf der Pawlatschen
bleiben.

Tagsüber sah er Pjotr nie. Wahrscheinlich hatte er auf
der Kommandantur gearbeitet, vielleicht ist er einer jener
grausamen Verhöroffiziere gewesen, von denen die Stadt
sprach, aber er trug keine grüne Mütze, war nicht bei der
Polizei.

Manchmal war Pjotr tagelang fort; er sagte nie: Ich bin verreist gewesen, er war einfach wieder da, stand gegen die Balustrade gelehnt, hatte mitunter ein belegtes Brot dabei, das er ihm anbot, das er niemals aß, sondern mitnahm, und das sie dann in fünf Teile schnitten; gegen Abend wurde er unruhig, fand immer neue Ausreden, vor die Tür zu gehen, nachzuschauen, ob Pjotr schon da sei, dann stellte er sich neben ihn, Pjotr fragte, was er tagsüber getrieben habe, vielleicht hat er auch von Vater erzählt, der in Döllersheim im Lager sei, und in einem jener Augenblicke nahm Pjotr seinen Kopf und drückte ihn kurz gegen seine Brust – die Uniform duftete nach einem strengen starken Parfüm, nach Leder, nach einer fremden und reichen Welt, Pjotr strich ihm noch übers Haar und ließ ihn los,

jeden anderen hätte er von sich gestoßen, auch Mutter und Vater, er hätte sich geschämt, Zuneigung zu zeigen, doch Pjotr war es gelungen, die Barriere zu durchbrechen, wenn ich an ihn denke, habe ich ein nachhaltiges Empfinden von Sicherheit, von einer selbstbewußten Nähe, die mir unbekannt war, die mich überrumpelte und gewann; er hatte eine Art zu reden, die leicht war und ohne Belehrung; er begann von Marx zu erzählen, von Lenin, von der Revolution, von Stalin – er tat es so, als würde eben nachgedacht, gehandelt, als stürmten sie eben das Winterpalais, und er sprach nicht nur von Gewehren, von Kanonen, von Kadetten, er schilderte die Kälte, daß der Atem in der Luft gefror, er beschrieb die Armut der Bauern, der Arbeiter, der Soldaten, ihren Hunger, die verworrenen Zustände von 1917, er sagte: Viele arbeiten für wenige, damit wenige viel haben, das prägte sich dem Jungen ein, inmitten einer Armut, die ihm nicht aufgegangen, die ein Lebenszustand war: Pjotr durchbrach das mit ruhiger, im Erzählen hellwerdender Stimme,

ich habe das vergessen,

wir haben lernen können, wir sind arm gewesen, meine Eltern, erzählte Pjotr, ich war auf der Akademie, ich habe Sprachen gelernt, Englisch und Deutsch, ich bin gereist, und dann hat der große vaterländische Krieg uns gerufen, der Kampf gegen die Faschisten, den Imperialismus, es wird, sagte er, die Gerechtigkeit geben und den Frieden,

er erzählte das Leben von Marx nach,

der Junge war nicht aufmerksam, ihn beeindruckte der große Freund, seine Leidenschaften, auch sein Kampf für die Armen, die Besitzlosen, verstehst du, fragte Pjotr oft, und der Junge nickte, weil er sich die Aufmerksamkeit Pjotrs erhalten wollte, was er erzählte, berührte ihn kaum;

er fragte Pjotr, woher er komme, aus welcher Stadt, er sagte es, aber ich weiß es nicht mehr;

wie mein Sohn, sagte Pjotr oft, er ist auch so neugierig, er will auch lernen wie du, immer wieder erklärte er ihm die Sterne, versuchte, ihn abzufragen, die Sterne seien stets mit ihm gewesen, die Sterne sind meine Freunde, sagte er, und diesen Satz habe ich mir wörtlich gemerkt, was er über Marx gesagt hatte, der einfache Satz von den vielen, die für die wenigen arbeiten, fiel mir ein, als ich eine Rede Kurt Schumachers im Radio hörte: ich hatte nicht mehr an Pjotr gedacht, plötzlich redete er mit,

Tante K. meint, so hat es den nicht gegeben, es ist eine Traumfigur, die hast du dir damals zurechtgedacht, du hast dauerndfort phantasiert, uns etwas vorgelogen,

daß er mir vertrauter war als alle, nicht, weil er Vater ersetzt hätte, er war nie väterlich gewesen, er war ein Freund, und wiederum unnahbar, ein Prinz, ein Verbannter, einer, der alles wußte und wenig preisgab, seine Eleganz, seine Sicherheit – er kam aus einer Welt, die unverletzt schien, und war voller Hoffnung, über die er redete wie ein Prophet, vielleicht ist er ein- oder zweimal auf der Pawlatschen gewesen, widerspricht Tante K., mehr nicht, aber L. entsinnt sich seiner, sie sagt, es war Pjotr der Sterngucker, er stand oft vorm Zimmer und guckte zu den Sternen, sie sagt, er sah toll aus,

er hatte sie verzaubert, er hatte ihnen wieder beigebracht zu träumen, er fragte Pjotr nach Uniformen, ob die mit den grünen Mützen wirklich welche vom NKWD seien, und Pjotr grinste, was du alles wissen willst, wir haben verschiedene Uniformen, die Flieger, die Infanterie, die Marine, die Panzerfahrer, auch die Offiziere, die uns Politik beibringen,

haben die grüne Mützen?,

er beantwortete diese Frage nicht, und obwohl jeder in Zwettl der Meinung war, die Grünen seien vom NKWD, weiß ich es noch immer nicht, nur frage ich mich, weshalb Pjotr es nicht zugab, er trug keine grüne Mütze, er war kein Polizist.

Er hatte, fällt mir ein, einen Burschen, einen Diener, sagte ich zur Mutter, wenn Kommunisten schon Diener haben, sagte Mutter, es ist ein Helfer, sagte ich, er fuhr den Jeep, er trug ständig Pjotrs Uniformen hin und her, gebügelt, geputzt, manchmal holte er ihn von der Pawlatschen.

Er verlor Pjotr nach der Reise nach Brünn, Mutter lag, als sie wiederkehrten, im Krankenhaus, sie war vergewaltigt worden, die Geschichte dröhnt in seinen Ohren, von vielen Weibermäulern gebrüllt, er hatte sie besucht, sie war bleich, weggerückt, schon nicht mehr am Leben, er haßte sie alle, auch Pjotr, der ihn auf der Pawlatschen erwartete, er hatte nicht mit Pjotr sprechen wollen, aber der rief ihn, sagte, es ist schlimm, der Mann wird bestraft werden,

er wurde bestraft,

Pjotr sagte, es ist passiert, es ist noch Krieg, es ist die Verzweiflung, der Hunger, die Fremde – er redete pausenlos, aber er zog ihn, was der Junge erwartete, nicht an sich, nicht an die duftende Uniform,

die Großmama hat Typhus gehabt, sagte er,

Pjotr sagte: Ich weiß, es geht ihr besser, und der Junge redete sich von ihm weg, auch die Sterne sahen sie nicht mehr an,

so hat es ihn nicht gegeben, sagte Tante K.

»Spiele«

Sie hätten, sagt Tante K., sich gefragt, welcher Art die Spiele der Kinder gewesen seien, sie wisse es nicht, aber er habe eigentlich den ganzen Tag über gespielt, nicht L., die habe Mutter kaum aus den Augen gelassen; es ist wahr: ich habe, bis zur Flucht, fast immer meine Schwester zu den Spielen mitgenommen, sie war mir seit frühester Kindheit aufgeladen, hockte hinter mir auf dem Dreirad, umklammerte, hänselte mich, hatte ihren eigenen Willen, heulte, wenn ich ihr nicht nachgab, und ich hatte mich unmerklich von ihr gelöst, sie war bei der Mutter geblieben, während ich mich von den »Weibern« entfernte, er verschloß sich in seine Träume, besaß eigene, nicht mehr teilbare Wirklichkeiten, war zum Erwachsenen oder zum unausstehlichen Halbwüchsigen gemacht worden, den sie nur zum Essen riefen, allenfalls zurechtwiesen, wenn sich Herr N. beschwerte, aber das war nicht oft der Fall – dennoch erreichte ihn die aufmerksame Liebe der Mutter, es war ihm möglich, sich zu ihr, nur zu ihr, zu flüchten, er gab freilich seine Geheimnisse nicht preis, hoffte, daß sie seiner Freibeuterei und seiner oft lärmenden Mutlosigkeit gewachsen sei.

Er spielte dauernd, ein Spiel ging ins andere über, meist spielte er allein, manchmal mit anderen Jungen, auch die

Tage mit Ditta sind Spiele gewesen, doch es gab keine Horden wie später im Lager Wasseralfingen.

Er spielte, berichtet M., auf den Gartenstiegen, sie habe ihn beobachtet, er habe sich überaus erregt, es ist nicht auszumachen gewesen, weshalb, ich habe mich ja nicht zeigen können, Sie grimassierten, jagten einen imaginären Feind fort, hoben in Siegerpose die Arme, wahrscheinlich waren Sie ein Soldat,

sie haben Soldaten gespielt, Deutsche gegen Russen, eine Zeit, und die Regeln waren grausam, es brach eine eingeredete Erbitterung durch, die sie an den Schwachen, die Russen sein mußten, austobten,

ich erinnere mich, daß wir sie mit Holzpritschen schlugen, ihre Gesichter in die Erde drückten, bis sie jammerten und sich ergaben; waren er und Ditta allein, blieben die Russen imaginär, doch die Phantasie spielte diesen Feinden noch entsetzlicher mit, bohrte ihnen die Augen aus, steinigte sie, vierteilte sie, Ditta hatte, wie sie behauptete, so was über Foltern gelesen, riß ihnen einzeln die Haare aus;

danach sind die Russen stärker gewesen, die Deutschen wurden gemartert, verloren die Kämpfe;

er verlor sich auch, hob sich auf, vergaß: bildete sich ein, Herrscher zu sein und alles fortzuweisen: seine Neigung, allein zu sein, schuf menschenlose Landschaften, in denen sanfte Tiere weideten, kein Laut, kein Schrei, kein Befehl oder Ruf;

er spielte »Anschleichen«, und der Urheber dieses waghalsigen Spiels war seine Mutter, die, starke Raucherin, entdeckt hatte, daß die Rotarmisten ihre Rauchwaren in den Führerhäusern ihrer Lastwagen aufbewahrten, in den Taschen an den Türen: Papyrossi, Tabak und vor allem Virginias, die Mutter schätzte, sie riß den Halm aus den langen Zigarren und schnitt sie, als wären es Meerrettiche, in

Scheiben – den so gewonnenen robusten Tabak drehte sie dann geschickt zu Zigaretten, »wuzeln« nannten sie das. Er mußte die Virginias organisieren. Sie hatte ihm, von der Pawlatschen aus, gezeigt, wo sich die Tabakwaren meistens befanden;

jeden Tag standen vier oder fünf Lastautos im Hof, kurios und altmodisch aussehende Mobile, mit Planen, an den Fenstern der Fahrerkabinen waren fast immer Gardinen mit Troddeln angebracht; einige der Soldaten verbrachten Tage auf den Wagen, sangen, spielten Ziehharmonika, schliefen; einer der Wagen war immer besetzt, darum war es überaus schwierig, anzuschleichen und die Päckchen aus den Taschen zu holen; es bedurfte unendlicher Geduld und der Gabe der Verstellung; der junge Oberschlesier vom Zimmer nebenan war erwischt worden, als er einen Laib Brot vom Sitz eines der Autos stahl, es wäre ihm nie eingefallen, Brot oder Wurst zu stehlen, das erbettelte er sich und bekam es, zu Beginn, in Fülle; den Jungen hatten sie zur Kommandantur gebracht und er war über Nacht festgehalten worden; Tante K.: Sie erinnere sich nicht mehr, sie hätte sich nie um diese Leute gekümmert, es könne sein, ich nehme es E. übel, daß sie dich zu solch gefährlichen Sachen verleitet hat; es war nicht gefährlich, so, wie er es eingeübt hatte; stundenlang beobachtete er die Soldaten im Hof, wie sie kamen, gingen, er lauerte, stellte fest, ob sie schläfrig wurden, wünschte, daß sie gleich einschliefen, stets lümmelte er auf den Steinen unter der Pawlatschen; die Soldaten kannten ihn, Pjotr, warfen ihm Schokolade zu, Brot, versuchten Unterhaltungen mit ihm, er schüttelte den Kopf, stellte sich gleichgültig, träg; er hatte Geduld; er hatte, ich weiß es, keine Angst, es wäre ihm gleichgültig gewesen, hätten sie ihn geschnappt; er befand sich jetzt in dem Zustand, der jahrelang anhielt, eine lauernde, mitunter heitere Gleichgültigkeit, aus der, wurde er gereizt, die Wut barst; es gelang ihm, zum Bestandteil des Hofes zu werden, zum Ding, ich bin noch immer imstande, diese Verfassung, diese Stimmungslage zu repetieren; die Soldaten beachteten ihn nicht mehr; er trollte sich über den Hof, getarnt durch eine dauernde, gewohnte Gegenwart, die Großmutter müßte das bemerkt haben, die Lintschi, die beiden waren oft auf der Pawlatschen und sahen hinunter, wir trauten uns nicht, sagt Tante K., er war ein Hund, eine Katze, ich spüre eine angenehme, die langweilige Zeit überbrückende Spannung, – am schwierigsten war der Moment des Ansprungs, er mußte geräuschlos sein, sekundenschnell; fand die Hand nichts in der Tasche, was selten vorkam, zuckte sie sofort zurück, gab es Beute, schob er sie, noch im Schatten des Wagens, ins Hemd; nicht daß er, mit Beute, unverzüglich auf die Pawlatschen hinauf wäre, er ließ sich Zeit, erstarrte von neuem, räkelte sich, ließ sich mit Soldaten ein, hörte zu, wie sie Ziehharmonika spielten, erst dann ging er in die Körstube; Mutters Lob tat ihm wohl; er erpreßte sie, sich auch eine Zigarette wuzeln zu dürfen, sie wurde dick, unförmig, löste sich während des Rauchens auf; er begann zu rauchen, einen geringen Teil der Virginias stahl er für sich;

er spielte Vater, ich kann dieses Spiel nicht mehr rekonstruieren, entsinne mich nur einer merkwürdigen Verachtung, die alle Gestikulationen des Spieles färbte, er spielte Vater, als Vater längst fort war, und es gelang ihm, in jeder Spielordnung, die ihn behelligte, Vater zu ersetzen, ihn auszuspielen, aber da kamen schon die Boten aus Döllersheim und sagten ihn entweder tot oder lebendig;

er spielte Gärtner unten am Mühlbach, in N's Garten, er jätete, streichelte Möhren, zog Gräben, und als der Hunger wuchs, die Sowjetsoldaten auch den Kindern nichts mehr zusteckten, riß er hin und wieder eine Möhre aus, putzte, aß sie; er spielte den Herrn über ein großes Reich, in dem er den Gemüsen befehlen konnte, zur Stunde aus der Erde zu schießen, reif zu sein, bis ihn der junge N. erwischte, die Treppe hinuntergestürmt kam, ihm die Mohrrüben aus der Hand riß, ihn niederschlug, trat und zu dem Bild wurde, das ihm die Ohnmacht erklärt, der gestiefelte Mann, der, die Hände an der Hüfte, über ihm steht, flucht, ihn tritt, er wird, nach Mimis Erzählungen, anders sein, ich hätte ihn fragen können, in Wien, oder schreiben, er würde entgegnen, nichts wissen, oder, entsänne er sich, bagatellisieren – so wird Realität Fiktion und bleibt, der Ausrede entzogen, meine Realität.

Gehen wir zum Bach. Da ist L. dabei. Spielen wir Schiff und Taucher. Reißen die langen Tangfäden aus und binden sie uns um, sie trocknen am Leib, sie riechen nach Medizin und Krankheit. Dort, am Bach, wird Ditta stehen.

Sie haben gespielt, »Lintschi stirbt«, nachdem Lintschi gestorben war, sie haben wiederholt: daß sie nicht laut reden durften, auf den Zehenspitzen gehen mußten, daß ihnen das Lachen verboten war, die Großmutter, wann immer sie laut wurden, mahnend den Finger an die Lippen legte: Pscht, die Lintschi stirbt, L. hatte Großmutters Rolle übernommen, wie der katholische Pfarrer täglich kam und Doktor L., wie auf der Pawlatschen Versammlungen stattfanden, an denen, außer dem Doktor, Lintschis Schwester, deren Namen ich nicht mehr weiß, auch Tante K. nicht, Großmutter und Tante K. teilnahmen, er spielte Doktor L., übertrieb dessen beruhigende Rede, beschwor L., sich nicht aufzuregen, es war ein langsamer Tod,

in meiner Erinnerung stirbt Lintschi fast das ganze Jahr über, doch sie ist am Ende abgeholt worden, und L. spielte, was sie unaufhörlich spielte, Trauernde, sie pflegte sich den Leichenzügen, die von der Pfarrkirche zum Friedhof zogen, anzuschließen, totenblaß und traurig, hingegeben schaurigen Exaltationen des Leides, ahmte die alten betenden Weiber nach und ließ einen eingebildeten Rosenkranz zwischen den Fingern laufen, wir haben gemeint, sie könnte uns verrückt werden, sagte Tante K., auch Mimi N. hatte diese Merkwürdigkeit einer Zehnjährigen nicht vergessen, diesen Fanatismus der Trauer,

er spielte auf der Landstraße mit den Sowjetsoldaten und den russischen Kindern, die von der Armee mitgebracht worden waren, auch den Frauen in Uniform, die haben, sagte Mutter, andere Busenhalter als wir, die tragen die Brüste höher: solche belanglosen Sätze haben sich wörtlich eingetragen, vielleicht, weil sie ihn erregten, er sich die Busen vorstellte, sie fuhren auf gestohlenen Fahrrädern freihändig die Straße hinunter, die Soldaten spielten dabei Ziehharmonika, manche Räder hatten keine Reifen mehr und die Felgen schepperten, sie lachten, kreischten, fuhren Kreise um die Pestsäule, er roch das üppige Parfüm der Frauen, die nicht mitfuhren, sondern am Straßenrand Spalier bildeten und in die Hände klatschten; die russischen Kinder sprachen selten mit ihnen, sie trugen, obwohl sie nicht älter waren als er, Uniform, und manche hatten Orden an der Litewka; er wünschte sich, wie sie Soldat zu sein, immer mit der Truppe unterwegs, in Kämpfen, Späße machen wie jetzt, atemlos, voller Glück, unter vielen; der Sergeant holte ihn ab; dieser Winter klirrte und die Fenster der Körstube waren morgens von Eisblumen dick überwuchert; er hatte zu Weihnachten Schlittschuhe bekommen. Der Sergeant brüllte in die Toreinfahrt hinein, dawai dawai, Eis, Eis, und er rannte, aufgeregt, nichts hatte ihn in diesem Jahr so entzückt wie die Stunden auf der Eisbahn,

die er, im Juli 1971, wiedergefunden hatte, zwischen dem Zwettl-Fluß und dem Bach am Promenadenweg zum Schwimmbad, ein verfallener Holzbau mit Schnitzwerk an den Giebeln, über der Sandfläche, die im Winter von Eis überzogen war, baumelten Lampen ohne Birnen, schon am Nachmittag brannten die Lichter, er schnallte die Schlittschuhe an die viel zu großen Schuhe, die Tante K. aus den Restbeständen des Zwettler Winterhilfswerkes organisiert hatte, schwarze hohe Schuhe, deren Spitzen sich, wie bei Clownslatschen, nach oben stülpten, der Sergeant zog die Kinder in einer Kette hinter sich her, er fuhr wunderbar, sang lauthals, schüttelte lachend den Kopf, sie fuhren Achter und bisweilen versetzte sie der Soldat in größte Seligkeit, wenn er auf der Stelle stehenblieb, sich zu drehen begann, die Kinderkette an der rechten Hand, immer schneller kreiselte und die Kette allmählich riß, die Kinder übers Eis schleuderten, kreischten, noch mal, Soldat, und er von vorn begann, geduldig, selbst eingesponnen ins Spiel, ein großer, kindlicher Mensch mit einem runden Kopf, auf den die Pelzmütze nicht paßte,

er spielte das Jahre durch, vieles,

ich frage mich, ob ich die Spiele so wiedergebe, wie er sie spielte, ich merke, daß die Reproduktion ungefähr bleibt; was stärker durchschlägt ist die Laune, die aus dem Spiel wuchs oder die Spiele verursachte, eine Stimmung, durch die das Spielmuster ungenau bloßgelegt wird, eine Andeutung von vergangener Wirklichkeit, Krakel, die noch heute schmerzen oder froh machen und über die keiner mitreden kann, denn er war fast immer im Spiel allein.

»Die Körstube (IV): Korrekturen«

Sie hätten, berichtigt Tante K., nicht die ganze Zeit auf Schreibtischen geschlafen, es sei arg genug gewesen, und L. habe nie im Stockbett geschlafen; das ist ein Irrtum, das kann ich genau sagen, zu Beginn haben E., du und ich auf den Schreibtischen gelegen, für Lore hatten wir ein Kinderbett aus Jurys Haus mitgenommen, einfach mitgehen lassen, no, was soll man machen in einer solchen Situation?, später sind die Stockbetten hinzugekommen, E. schlief oben, du unten,

ich habe alles falsch erinnert, ich habe meinen Kinderschlaf falsch geschlafen, meine Träume an einen falschen Ort verlegt; ja, jetzt weiß ich es,

und nach einiger Zeit haben wir noch ein Bett organisieren können, in dem ich schlief, sagt Tante K., dann haben wir die Schreibtische hinausgeworfen,

ich kann mir die Körstube eigentlich nicht ohne Schreibtische denken,

ich auch nicht, aber sie waren dann fort, endlich haben wir uns einen großen Tisch anschaffen können, den hat es vorher nicht gegeben,

doch, er stand neben den Schreibtischen,

du irrst dich,

bist du sicher?, ja, wir haben vorher keinen Tisch gehabt.

Es war keine Geschichte aus den Karpaten, die du vorgelesen hast, es sind sechs Bände gewesen, du hast einen nach dem anderen vorgelesen, eine Erzählung aus Ungarn, aus der Puszta, sie war sehr spannend, wir haben dir gern zugehört,

aber mir fällt immer wieder ein Wolf ein, wenn ich daran denke, Winterlandschaft,

ach geh!,

woher habe ich die Bücher gehabt?,

fällt dir nicht das süße Mädchen ein, L. war mit ihr befreundet?,

es ist vielleicht Ditta gewesen, ich frage Tante K., wie das Mädchen geheißen habe, das kann ich dir nicht sagen, sie hat eine Schwester gehabt, die ist genauso hübsch gewesen, L. hat mit ihnen gespielt.

N's hätten doch im Vorderhaus gewohnt, nicht in ihrer eigenen Wohnung, die sei requiriert gewesen, sondern in zwei Gastzimmern, allmählich fällt es mir ein,

sie hatten ihn nicht ins Vorderhaus gelassen, ihn vertrieben,

vielleicht weil sie fürchteten, er könne an die russischen Soldaten geraten. Das Vorderhaus war verboten.

»Die deutschen Truppen oder An die Enns und zurück«

Er habe, erzählt G., zu einer jener Truppen gehört, die in Gewaltmärschen die Amerikaner zu erreichen versucht hätten.

Ja, nach Linz, an den Inn.

Es ist die Enns gewesen, sagte er, die Enns. Aber ich höre das noch: An den Inn!

Das ist falsch, die Amerikaner standen an der Enns.

Warum habe ich den Inn als Ziel in Erinnerung, diesen Refrain der Flucht nach Linz, an den Inn?

Linz liege an der Enns, nicht am Inn.

Ja. Nein. An der Donau.

Da ist über die Jahre eine Zeile entstanden, die nie mehr nachgeprüft wurde, sie hat sich mit dem verbunden, was geschehen war, mit der Selbstentlassung, mit den Kolonnen, mit dem sich über die Stadt ausbreitenden Teppich von militärischem Lärm,

die Turbulenz dieser Flucht hatte ihn gepackt, er ließ sich mitwirbeln, die Hast, auch die verzweifelte Ausgelassenheit der Männer nahm ihn auf, es ging einen Tag lang, eine Nacht.

Wir müssen schon in Jurys Haus gewohnt haben. Sie zogen durch am letzten Tag des Krieges, am 8. Mai.

Wieso ist eine Woche blind, ohne den Jungen?

Wieso stelle ich ihn auf die Landstraße?

Zu dieser Zeit befand er sich nie auf der Brücke, oder jenseits des Flusses, vor der Villa, die in meinem Gedächtnis einen Tag besetzt und die Nacht, in der die Rote Armee einmarschierte,

aber wir hatten uns bereits in Dr. Z's Wohnung einquartiert und dort muß beraten worden sein, ob man sich den Truppen nicht doch noch anschließe,

es war eine dauernde Aufregung, sagte Tante K.,

die Aufregung hatte ihn betäubt, er erwachte erst wieder, als die Flucht sich ballte,

er lief immer wieder mit, er reihte sich ein,

er atmete Staub,

er hörte es so:

Der Krieg soll aus sein –

Weißt du überhaupt, wie weit das noch ist –

Wer sagt, daß die Amerikaner –

Daß ist sicher –

Ein Tagesmarsch –

Wir sollten uns absetzen –

Linz –

Der Inn –

Die Enns –

Woher weiß man überhaupt, daß die Amerikaner –

Der Russe rückt kaum mehr nach –

Das war leicht zu organisieren –

Das blöde Schwein ist abgehauen –

Wien ist besetzt –

Die Alpenfestung –

Hitler soll gar nicht tot sein –

Dönitz –
Die Kapitulation soll morgen stattfinden –
Dann könnten die Amerikaner –
Die Grenzen werden festgelegt –
Soll niemand mehr rüber –
ihm fiel auf, daß die Uniformen sich auflösten, die Gesichter, daß die Offiziere nicht mehr gegrüßt wurden, daß
aber einige Wert darauf legten, gegrüßt zu werden.
Sie stießen ihn an, wohin er gehöre?
Ich wohne hier.
Viele sprangen von den langsam fahrenden Wagen ab, es
war heiß, sie holten Wasser oder Tee in Kochgeschirren,
tranken beim Aufspringen:
Ich bin, erzählt G., wahrscheinlich durch Zwettl gekommen, es waren einige kleinere Orte und Städte im Waldviertel, wir kamen langsam voran, unser LKW war zusam-
mengebrochen, keiner nahm uns mehr mit, und auf Züge in
Richtung Westen wollten wir uns nicht verlassen. Kinder
und Frauen standen am Straßenrand, starrten uns an. Wir
marschierten nicht mehr, wir liefen in Trance. Die Frauen
brachten uns bisweilen Tee.
Er habe zu denen gehört, die nicht zurückgeschickt worden seien.
Alles war außer der Regel, kurz vor dem Weltuntergang.
Ihm war es gleichgültig, ob Mutter nach ihm suchte (was tat
Vater während dieser Zeit?, ich weiß es nicht mehr; Mimi
N. sagt: Er ist oft bei uns gewesen, er kränkelte, aber er
erzählte lustige Geschichten, und er war froh, die Uniform
nicht mehr tragen zu müssen), ob Großmutter rief,
er hörte die Soldaten reden über den Verfall, über kurz-
fristige Ziele, über verlorengegangene Frauen, Kinder,
er hörte sie den Mädchen nachpfeifen, die in kleineren
Gruppen mit ihnen marschierten, verstaubt, mit strähnigem
Haar, in Uniformen,

Offiziersmatratzen haben wir sie genannt, und er malte sich aus, was die Offiziere mit ihnen alles anstellten, an die Busen fassen, ausziehen, küssen (er hatte Ditta noch nicht gekannt), er erhitzte sich, die Mädchen waren müde und lustlos, ein paar blieben zurück, fragten, ob sie übernachten, Kleider kaufen könnten, sie hatten in kleinen Koffern kunstseidene, und Schoka-Kola-Büchsen, von den Fliegern,

die Soldaten warfen die Waffen in den Fluß, rissen Witze und fluchten,

sie sahen jetzt alle aus, wie er sich Banditen, Räuber vorstellte, sie waren aus der Normalität entlassen, aus einer Ordnung, für die sie hätten kämpfen sollen, für Volk, Führer und Reich, sie dachten an nichts mehr als an drei Wörter, die sie vor sich hinredeten, und lachten über ihre Offiziere, die sich in Haltung versuchten, deren Uniform untadelig geblieben war,

die Amerikaner,

die Enns,

die Russen,

er sah, wie die Soldaten den Offizieren, die in offenen Kübelwagen vorbeifuhren, mit geballten Fäusten drohten,

Richard N. sagte, am Bahnhof habe sich eine SS-Einheit verschanzt, sie wollten kämpfen, Wahnsinnige, die bringen es noch so weit, daß wir zusammengeschossen werden, sie sind betrunken,

er lief hinauf, R. hatte recht, sie bauten eine Barrikade, schwenkten Flaschen, tranken, doch sie redeten nicht wie die flüchtenden Soldaten, sie schwiegen verbissen, schickten ihn fort: sie verbreiteten Leere und Angst um sich, einen Kordon tödlicher Verlassenheit,

er rannte weg, eingeschüchtert;

Frau N. erlaubte ihm, Tee auszuschenken, die Wirtsstube

war überfüllt, die Männer diskutierten, erzählten Schauer-
geschichten, Weiberwitze, er äffte sie, wenn er allein war,
nach, repetierte Wörter und Sätze, Bis das Wasser im Arsch
kocht, Vögeln, Hinein mit Sack und Pfeife, Puff, Nutten,
Schwanz, Arschficker,

über der Stadt stand eine schwefelige Staubwolke, verdü-
sterte das Licht, dämpfte das Getöse,

es war früher Abend als sonst, denke ich an diesen Tag,
so war er abendlich gewesen, kurz vor der Nacht;

die Unruhe, die Hast hatten ihn aufgerissen, er war außer
sich, die Mutter konnte ihn nicht mehr bändigen,

diese Zeit gehe vorüber, beruhigte sie sich,

er solle an der Landstraße bleiben, solle aufpassen.

An der Kreuzung von Kuenringer Straße, Landstraße,
Hamerlingstraße stand, als die Kolonnen schon nicht mehr
so dicht aufeinander folgten, als das Heer an den westlichen
Rändern der Stadt versickerte, ein Feldwebel und wies die
Fahrzeuge, die Marschierenden ein. Kinder, auf dem Geh-
weg, gafften ihn bewundernd an. So hatte er sich Helden
vorgestellt, wie ihn: er stand auf der Kreuzung vor der Kirche, die Motorradbrille wie eine Kette um den Hals, grau
von Staub, regelmäßig auf die Erde spuckend, eine phantastische Figur, ungerührt, die Staubwirbel um sich wie He-
roenschein,

manchmal schrie er, zornig, wenn sich der Verkehr nicht
seinen Zeichen fügte, manchmal sprang er auf das Trittbrett
eines Lastwagens, grinsend, rief dem Fahrer etwas zu,

er tänzelte,

er stand starr,

er ging, grau, in dem Abend auf,

und dann, als die sowjetische Vorhut schon nah war, nur
noch gelegentlich zwei oder drei Autos die Straße herun-
terfuhren, auf ihn zu, kurz stoppten, die Fahrer ihn fragten,
er den Kopf schüttelte oder nickte, spuckte, tänzelte,

erstarrte, eine lebendige Wegmarke, dann, als kein Wagen mehr kam, ging er zu seinem Motorrad,

er hoffte, daß es anspringen würde, er war beklommen und glücklich, diesem Kerl begegnet zu sein,

der Motor knatterte, der Feldwebel schwang sich auf das Motorrad, riß sich, im Sprung, das Koppel vom Leib, warf es weg,

es sei kein Feldwebel gewesen,

man habe keinen Gefechtslärm hören können, schreibt Dr. Max Vlad. A.-B., der den Zwettl-Aufsatz in der ›Presse‹ gelesen hatte, dem Autor »scheint, ohne die persönlichen Erinnerungen im geringsten anzweifeln zu wollen, mit Rücksicht auf seine Jugend, doch der tatsächliche Ablauf der Ereignisse in Vergessenheit geraten zu sein. Es muß daher seinen Schilderungen gegenüber nachstehendes festgehalten werden:

Erstens, daß der Gefechtslärm näherkam, bzw. in Zwettl überhaupt gehört werden konnte, ist mehr als unwahrscheinlich, da die gerade in Niederösterreich mehr oder minder intakte Front bis zum letzten Tag das Waldviertel überhaupt nicht erreicht hatte, sondern ungefähr längs der Prager (Znaimer) Straße verlief. Abgesehen davon herrschte in den letzten Kriegstagen schon mit Rücksicht auf die geringe Angriffslust der Russen und dem akuten Munitionsmangel der Deutschen völlige Ruhe. Zweitens, die Russen kamen weder vor noch nach ›Führers Geburtstag‹ im April, sondern erst nach der Kapitulation am 9. Mai nach Zwettl. Drittens, den deutschen Soldaten, der an der Kreuzung vor der Kirche den Verkehr regelte, hat es wirklich gegeben, nur war es kein Feldwebel, sondern ein General, der am späten Nachmittag des letzten Kriegstages, wenige Stunden vor dem Ende, sich mit seinem Stabe bemühte, die endlosen nach dem Westen zu den Amerikanern flutenden Kraftfahrzeugkolonnen durch die damals noch sehr neuralgischen

Kreuzungen zu leiten. Ich selbst habe ihn mit einer kleinen Einheit in den Spätstunden dieses Tages passiert«,

nein, es ist kein General gewesen, dem Jungen waren Rangzeichen eingepaukt worden, er kannte sich aus, es gab keinen Stab, es war ein einzelner, einer im Staubkreisel,

es ist meine Erinnerung: sie verfängt sich in Figuren, in wenigen Szenen, und dieser Abend, an dem er fröstelnd nach Hause kam, der 8. oder 9. Mai, in Jurys Haus, das für ihn die Körstube bleibt, bis auf einen Tag und eine Nacht, dieser Abend ist ihm gegenwärtig wie ein Fieberbild, auch daß Gefechtslärm zu hören war, Schüsse,

vielleicht kämpften die SS-Leute, betrunken, ihre grauenvollen Erinnerungen betäubend, Totschläger, erinnerungslos, krank,

die Staubwolke löste sich langsam, der Tag war abendlich, er lief, es fror ihn, hungrig heim.

Die Soldaten kamen zurück.

Sie hatten vergeblich Namen von Flüssen und Städten hergebetet, waren nach Westen gezogen, hatten sich von den Amerikanern das Heil erwartet; sie wurden zurückgewiesen. Auf dem Rückmarsch gab es keine Autos mehr.

Es war noch heißer, von neuem wälzte sich die Staubwolke, diesmal vom Westen, auf die Stadt zu, Gerüchte hatten den Zug angesagt, schon lange vorher, sie machten ihn unübersehbar lang, sie sammelten Heere, sie wußten, wohin der Zug gehen würde, nach Sibirien, nach Osten. Er bemerkte die Rotarmisten kaum, die den Zug begleiteten, doch nur wenige der Gefangenen trauten sich, aus den Reihen zu springen, an die Parterrefenster, um Wasser, Tee, Brot zu bitten.

Er schleppte in einem Eimer Wasser, bot es an, war unterwegs, rannte den Geschichten nach, die verbreitet wurden. In der Marchebene befindet sich das größte Sammellager, das es je gegeben hat –

Wir werden gleich verladen –

Die Amerikaner haben Beamte zurückgehalten –

Der konnte noch –

Wien brennt –

Die Russen haben Thüringen –

Die Generäle kämen noch, sagte jemand, sie seien ein Stück gefahren worden und sie würden nicht nach Rußland müssen,

er erkannte Gesichter wieder (er hat geglaubt, sie wiederzuerkennen),

auch die Frauen, in einer Gruppe, kehrten zurück, stumpf, sie nahmen das Wasser und dankten nicht,

er sah den Offizier, der den Untadeligen gespielt hatte, er spielt ihn noch immer, eine phantastische Karikatur, viele gingen barfuß,

jemand sagte, wie Napoleons Armee, aber er spürte nur ihre Müdigkeit, das schritteschleifende Schweigen, keinen »Hauch von Geschichte«, die er gelernt hatte als dauerndwährende Größe der Nation, des Reichs,

er schluckte Staub und bot Wasser an,

er sah den zu Fuß gehenden Generälen zu, die einen alten Mann zwischen sich trugen, dessen Kopf auf der Brust hing und der die Augen geschlossen hielt,

sie hatten befohlen, hatten sich aufgeplustert, sie waren mächtig gewesen, hatten Wunderwaffen in alle Weltgegenden fantasiert und den Führer siegen lassen, als sie schon auf der Flucht waren,

er hat die Gesichter in Erinnerung, sie ziehen sich zu einem Gesicht zusammen, unter einer vom Schweiß verkrusteten Staubmaske, ohne Ausdruck, gezeichnet von der Strapaze,

sie schleppten sich, wochenlang, durch seine Träume, sie fingen an zu wimmern und, im Falsett, zu singen; er hatte, vom Eimerschleppen, Blasen an den Händen.

»Die Übergabe«

Er stand auf der Brücke über die Zwettl, sehr klein. Ich habe die Erinnerung an ihn als an einen Punkt, der sich ab und zu auf einer hellen Fläche bewegt. Die Gasse steigt vor seinen Blicken bis zum Dreifaltigkeitsplatz an; die Stadt ist tot; die russischen Soldaten waren verschwunden, in die Höfe, in die Häuser, nur selten fuhr ein Lastwagen, und dann stellte sich wieder die Stille ein, die ihn klein und gefühllos machte. Er war sicher, unsichtbar zu sein, hatte auch den Eindruck, daß Häuser, Bäume und er selbst unter diesem reglosen Licht keine Schatten mehr warfen.

Drei Männer gingen auf der Straße, einer von ihnen trug eine rote Fahne. Sie schleppten sich durch die Helligkeit. Sie brauchten lang, bis sie die Offiziere erreichten, die an der Pestsäule auf sie warteten; sie gehen, meint er, den ganzen Vormittag in seine Augen hinein.

Die Offiziere redeten mit den Männern, die Männer gestikulierten und schwenkten die Fahne, sie klopfen sich auf die Brust, streichen sich mit der Hand über die Stirn, ballen die Fäuste, heben die Arme. Die Offiziere lachen. Weitere Soldaten kommen, kreisen die Männer und die Offiziere ein und führen die drei weg. Die Fahne hat ein Offizier an sich genommen, er lacht. Er hörte das Lachen nicht, er sieht es nur.

Man erzählt höhnisch, die Kommunisten seien von den Russen gefangengenommen worden.

Sie seien erschossen worden.

Aber es hieß auch, sie hätten die Verwaltung übernommen.

Sie wurden Verräter genannt, Antifaschisten, Widerstandskämpfer, Schwindler, ehemalige Nazis.

»Die Reise nach Brünn
oder Die Draisine in Laa«

Tante K. erzählt: Es war Anfang Mai, nein, es ist Anfang Juni gewesen, es war Sommer, ja, wir sind von Schwarzenau gefahren nach Sigmundsherberg, dort haben wir übernachtet in einer Waschküche,

Mutter und Tante K. hatten diskutiert, ob der Junge mitreisen solle, es sei ein Wagnis, aber Tante K. sei durch das Kind geschützt, es könne tragen helfen; er wolle mit;

»diese Reise ist verrückt«, schrieb Vater, »sie werden nie nach Brünn kommen und gefährden sich unnötig«,

sie hatten keine Kleider, es fehlte ihnen am Notwendigsten und Tante L. hatte geschrieben, sie sollten versuchen, einiges abzuholen,

er geriet in diese Reise wie in ein rätselhaftes Spiel, in dem jede Szene unverständlich blieb und ihm doch vertraut war, aus Träumen, von früher her, er hatte das schon erlebt,

sie hatten auf dem Bahnhof in Schwarzenau in einem Massenlager gewartet, Tage und Nächte,

nachts mußte man nicht auf dem Bahnhof sein, denn nachts fuhren damals die Züge, sagt Tante K.,

unter zahllosen Menschen, die sich ihre Reiseziele vorsagten, bisweilen sich während der Rede entschlossen, in eine andere Gegend, an einen anderen Ort zu fahren, nur wenige wollten zur tschechischen Grenze reisen, darunter ein Paar, das sich ihnen anschloß, ein kleiner, drahtiger Mann mit fettem, zu einem Mittelscheitel gekämmtem schwarzen Haar, dem der Junge mißtraute, denn die Tücke saß dem in den Augen,

sie
sind beim Zusammenbruch auch nach Zwettl verschlagen
worden, erzählt Tante K., er hat viel Geld bei sich gehabt
und war sicher, mit dem Geld in Brünn, sie kamen aus einem
Vorort, etwas ausrichten zu können, an ihren Namen erinnere ich mich nicht mehr, die Frau war sehr zurückhaltend,

ein Militärzug hatte sie mitgenommen, der Mann hatte
mit dem Lokführer verhandelt, ihm Geld zugesteckt; in allen Taschen steckten ihm Geldbündel, unterm Hemd und in
der Hose, sie waren auf den Tender geklettert, hockten am
Rande des Kohlenbergs, der Fahrtwind trieb ihnen Ruß
und Kohlenstaub ins Gesicht, und regelmäßig wurde ein
Schieber geöffnet, durch den die Kohlenstücke ins Feuer
rutschten, der Junge mit, die Erwachsenen klammerten sich
an den Rand und hielten ihn fest, sie lachten, es war der
Anfang der Reise, sie waren noch frisch,

ich war bisher der
Meinung, erst gegen Ende der Fahrt habe der Junge auf dem
rutschenden Kohlenberg gesessen, gegen den Sog ankämp-
fend, wütend über das Gelächter der Großen, die ihm keinen festen Sitz gelassen hatten, aber Tante K. hatte gesagt,
dieses Paar hat uns nur auf der Hinreise begleitet; ja, das
stimmt; sie versetzte mit dieser einen Bemerkung Reisesta-
tionen, verschob Szenen,

es fanden sich immer Unterkünfte,
in denen sich die Flüchtenden, die ziellos oder mit Ziel Reisenden zusammenrotteten, diese Häuser, diese Räume waren nicht markiert, es sprach sich herum, das vierte Haus
auf der linken Seite der Straße zum Bahnhof, stets in Bahn-
hofsnähe, da unvermutet ein Zug kommen könnte, den
der Bahnhofsvorsteher verschwiegen hatte, vom Militär eingesetzt, »nur nachts nicht«,

wie sind solche Schlupfwinkel

entstanden?, hat einer, ein durch lange Wanderschaft Kundiger Spuren gelegt?, gab es eine Art Losung, gab es Zeichen, wie sie Zigeuner, Bettler, reisende Händler gebrauchen?, oder waren es Zufälle, die Menschen an einem Ort zusammenführten, mißtrauisch beobachtet von den Einwohnern, gemieden und mit kärglichen Gaben an der Peripherie gehalten; es gab, seinerzeit, mehr »Aussätzige« als »Gesunde«, gleichwohl gelang es den Gesunden, die Aussätzigen in den für sie bestimmten Bezirken zu halten,

das war die Waschküche in Sigmundsherberg; in ihr brodelte es; sie war groß, aber in ihr hausten für kurze Zeit mehr als vierzig Menschen,

es können sechzig, siebzig gewesen sein, sagte Tante K., sie schliefen auch im Kellergang; das Haus war ausgebombt, der Keller nicht beschädigt,

ein phantastisches Gewühl, in dem Exhibitionismus und Brutalität gang und gäbe waren, in dem geprügelt und geliebt wurde, in dem sie Krankheiten ausbrüteten, in dem man Kindern den Haß, die Lüge lehrte, in dem sie alterten,

sie hatten, so wie es üblich war, sich zuerst einen Platz gesichert, eine winzige freie Stelle an der Wand, auf der die Decke für den Schlaf ausgebreitet werden konnte, wo man »wohnte«, wo man aß, die einem gehören würde, so lang man sich hier aufhielt,

er war hellwach, fraß die Bilder in sich hinein; sie sind verschwommen, sind aufgegangen in eine Erinnerung an wechselnde, scharfe Gerüche, an eine junge Frau, die mit offener Bluse an einem Waschtrog stand, in dem Suppe kochte, die sie feilbot für Geld, für Naturalien, wie sie selbst vom Nachmittag an schon zu haben war, mit Männern sich zurückzog in einen Holzverschlag, vor dem die

Kinder sich herumtrieben, neugierig, unsicher und lüstern, den Kommentaren der Frau zuhörten, die sie lauthals über die schnaufenden Männer wegschrie, eine Megäre, aufsässiger in ihrer Verzweiflung als die anderen – er war immer in ihrer Nähe, sah ihr zu beim Kochen, applaudierte ihren derben Scherzen, »willst auch, Bub?«, er floh, kehrte bald zurück, sie machte ihn heiß, wütete in seiner Phantasie und ließ den Aufenthalt kurz werden,

sie hätten, sagte Tante K., endlich einen Sonderzug erwischt, der bis Laa an der Thaya fuhr, weißt du, einen Zug mit Ministern und hohen Beamten, österreichischen, die zum ersten Mal ihr Land inspizierten – wir haben in einem richtigen Coupé gesessen, es war wunderbar,

sie waren an der Grenze,

es ist die Frage, ob sie uns hinüberlassen,

ich hab einen tschechischen Paß, sagte der Mann mit dem Mittelscheitel,

es könnt' gefährlich werden für uns, sagte die Frau,

der Mann war nervös, sie waren vom Bahnhof auf den Grenzübergang zugegangen, dem Jungen war aufgefallen, wie der Mittelscheitel fortwährend prüfend in Hauseingänge blickte, nach einer Weile in einem verschwand, sie warten mußten, als er wiederkam, sagte er: Ich hab mich präparieren müssen,

die Unruhe der Großen fuhr in ihn,

die Sonne drückte, wir litten die ganze Reise unter Durst, am Ende unter Hunger,

der österreichische Zöllner erklärte sie für verrückt, es gäbe zwar Grenzverkehr, aber in einer Richtung, in unserer, sagte er, und es rührte sich auf der sich in der Sonne spiegelnden Straße zwischen dem österreichischen und dem tschechischen Grenzhaus nichts,

versucht es halt,

dem Jungen machte es Spaß, wie der Mittelscheitel von Unruhe geschüttelt wurde, wie die Angst ihn krampfte, wie er bat, sie mögen langsamer laufen, es eile doch nicht, Jesusmaria,

aber die tschechischen Zöllner warteten, sie standen zu dritt oder viert vor dem Haus, sahen ihnen entgegen,

Tante K. erzählt: Der Offizier, muß ich sagen, war nett und höflich, er sprach gut deutsch, fast wienerisch, war einer vom alten Schlag, weißt du, sie haben ewig lang die Papiere kontrolliert, dann entschuldigte der Herr sich, es müsse eine Leibesvisitation vorgenommen werden, wir Frauen wurden in einen anderen Raum geführt und, soviel ich mich erinnere, der Mann auch, dich haben sie nicht richtig visitiert, aber da ist die Sache mit den Hosentaschen gewesen – haben wir gelacht,

es war ihm unangenehm, als die Zöllner mit den Erwachsenen verschwanden, der Offizier versicherte, er müsse sich nicht beunruhigen, der Junge gab sich Mühe, gleichgültig zu wirken, schaute aus dem Fenster auf die leere Straße, bis die anderen wiederkamen und einer der Zöllner sagte, er müsse ihn untersuchen, er tastete ihn ab, sagte, er solle die Taschen ausräumen,

es war verrückt, was da herauskam, sagte Tante K.: ein Stückel Spagat, zehn Groschen, eine zerbrochene Schneckenschale, Schrauben, ein halber Kamm und wasweißichnochwas,

sie lachten, der Offizier stempelte Papiere, gab sie ihnen, sagte: Sie können gehen

96

und Glück wünsch' ich Ihnen auf Ihrer Reise,

hast du das Geld, fragte die Frau, nachdem sie ein Stück gegangen waren,

alles, nichts haben sie gefunden, triumphierte der Mittelscheitel, keinen Heller, er setzte sich an den Straßenrand, zog die Schuhe aus, die mit Geldscheinen gepolstert waren,

war schön schwierig, so herumzugehen, er zog die Scheine aus den Schuhen, steckte sie sich in die Tasche, ein paar ließ er in den Schuhen: Man kann nie wissen,

von dort sind wir über Krusbach nach Brünn gefahren, sagt Tante K.,

wie heißt der Ort: Krusbach?,

ja, so ähnlich,

auf der Karte gibt es ein Hrušovany,

das wird es sein,

also nach Brünn sind wir gefahren,

über Lundenburg, da haben wir warten müssen,

auf der Rückfahrt, sagt Tante K.,

auf der Hinfahrt auch,

aber nicht so lang,

diese Geschichte mit den rot-weißen Fähnchen,

die war auf der Rückfahrt, bestimmt,

in Lundenburg hatte sich ihrer ein tschechischer Bahnpolizist angenommen und Tante K. geraten, der Bub solle nicht sprechen, wenn die Fahrgäste merkten, daß sie Deutsche seien, könnte es gefährlich werden,

ich bin taubstumm, sagte er, ich kann spielen, von da an redete er nicht mehr; der Zug nach Brünn war überfüllt, sie standen, eingepfercht, auf dem Gang, die Müdigkeit höhlte ihn aus, als er zum ersten Mal von einer Frau angesprochen wurde, fiel es ihm nicht schwer, den Taubstummen zu spielen, er schüttelte den Kopf, ächzte, zeigte auf seine Ohren, die Frau überschüttete ihn mit einem Schwall von Mitleid und gab ihm einen Apfel; er schlief rasch ein,

dann sind wir in Brünn angekommen, erzählt Tante K.,

das war am Abend?, nein, am Morgen, ganz zeitig in der Früh,

das kann ich nicht glauben, denn ich habe bei der Babitschka gebadet und mich schlafengelegt,

das spielt keine Rolle, du warst erschöpft, wir sind doch am Abend wieder weggefahren,

es war ein Empfang, den er so nicht erwartet hatte, nichts hatte sich hier verändert, er trat in eine Welt, die er ruiniert glaubte, von der in seinen Vorstellungen nichts mehr übrig war, denn was er kannte, waren Notquartiere, Massenlager, fürsorglich verschlossene Türen, die ihn aussperrten; sie umarmten ihn, Tante M., Tante C., die Babitschka, Tante L. wurde vom Hausmeister geholt, es war diese Wärme, es waren diese »normal« angezogenen Leute, es war der Kuchenduft in Babitschkas Küche, oder war es der Geruch von köchelnden Beeren?, die ihn aus der Fassung brachten, die Tränen strömten aus seinen Augen, er schämte sich,

er ist müd,

er muß ein Bad nehmen,

mein Gott, diese Strapazen,

hast Hunger, Bub?,

er ließ es über sich er-
gehen, Babitschka schleppte ihn in die Nudelküche, um-
armte ihn, drückte ihn an sich, schnaufte, schob ihm einen
Teller mit Suppe, einen Teller mit Knödel und Fleisch, einen
Teller mit Kuchen zu,

das Bad sei gerichtet,

Tante M. blieb
bei ihm, er bat sie, das Bad zu verlassen,

no ja, sagt sie, du
bist fast ein Mann, das ist die Zeit, der Krieg, was sie aus
euch macht,

das Gesumm von Stimmen, Erzählungen, die
sich verknoten, denen er nicht folgt, Fragen, die er hilflos
beantwortet, er solle schlafen,

ja,

in M's Zimmer?,

ja,

sie weckten ihn, er stürzte erneut in das planende Ge-
schwätz, in die Rufe von Freude und Angst: Wie geht es
Rudi? Habt ihr Nachricht?,

ja,

die Mutter, Lore, Eri,

komm
mit mir, sagte die Babitschka, führte ihn auf den Küchen-
balkon, sie schauten in den Hof, die alte Frau sprach nichts,
seufzte, streichelte ihn, zog ihn an sich, sie gingen hinein,
sie sagte: Groß bist du geworden, arg mager, ein richtiger
Krischpel, aber bei diesen Zuständen,

der Frieden sickerte
in ihn ein, fremd, und er schüttelte sich, wehrte sich, denn
er war ausgestoßen aus dieser Welt, und die wütende Freiheit, die er gewonnen hatte, wollte er nicht einschläfern lassen,

er hat sich geändert,

was soll man machen?,

wir wollen
nur hoffen –,

der Nachmittag verging und die Unterhaltung
betäubte ihn; Herr W. kam, mit dem er angeln war, ein alter
Freund, er war schwerhörig geworden, sie mußten ihn an-
schreien, er sagte, der Zug nach Lundenburg fahre in einer
halben Stunde, die Frauen hatten die Koffer gepackt, Tante
K. drei Kleider übereinander angezogen,

der Rucksack ist
für dich, ist er schwer?,

nein,

es dämmerte, sie gingen die
Bratislavska, die Gröna, die Bonafkagasse hinunter, schon
auf dem Bahnhofsvorplatz war viel Betrieb, er werde, sagte
W., Plätze sichern, Tante L. heulte, es war ihm alles zuwider, er lief W. nach, und sie fanden ein Abteil mit zwei
freien Plätzen,

Tante K. trug ein rot-weiß-rotes Fähnchen
am Kostüm, was sie als Österreicherin auswies, und er
brauchte kein Taubstummer mehr zu sein,

in Lundenburg
hatten sie eine Nacht vor sich,

wo der Mittelscheitel mit
seiner Frau geblieben sei?, fragte er Tante K.; den habe sie
schon auf der Hinfahrt aus den Augen verloren, er habe
eine Station vor Brünn aussteigen wollen, er ist, später,
in diesem Ort erschlagen worden, weil ihn die Leute als
Nazifunktionär wiedererkannt hatten,

im Wartesaal dräng-
ten sich auf den Bänken, auf dem Boden Menschen, sie trugen rot-weiße Fähnchen, sahen heruntergekommen und
finster aus, es sind Österreicher, sagte Tante K., müssen

welche sein, sie suchten nach einem freien Platz, stellten sich dann schlafend, die Leute unterhielten sich nicht auf Deutsch, musterten Tante K. und ihn feindselig, und das erste Mal auf der Reise hielt er es für möglich, daß sie umkommen könnten, es war ihm gleichgültig, er erwartete Schläge, richtete sich darauf ein,

bis ein tschechischer Bahnbeamter kam, sie hinausführte, es seien nach Deutschland verschleppte polnische Arbeiter auf der Heimfahrt: Es ist gefährlich für Sie, kommen Sie mit,

sie hätten doch, sagte Tante K., das gleiche Fähnchen wie sie,

nein, Sie haben rot-weiß-rot, das ist österreichisch, die Leute haben rot-weiß, das ist polnisch,

es ärgerte den Jungen, daß Tante K. diesen Unterschied nicht kannte,

sie stolperten über Gleise, sein Rucksack drückte ihn,

er würde sich bald auskennen auf zerstörten Bahnhöfen, Güterbahnhöfen, Abstellgleisen, diesen gegliederten Landschaften,

der Uniformierte führte sie in ein Holzhaus am Rande der Geleise, es war ein Wärmeraum, in dem sich mehrere Eisenbahner aufhielten, ältere Männer, die zusammenrückten, damit sie sich auf die Holzbank setzen konnten, sie boten ihnen dünnen Kaffee an, Brot,

ihm wurde, mit einem Schlag, entsetzlich schlecht, die Wärme, die Enge, Babitschkas Essen, es stülpte ihn um, er stolperte noch zu dem Häuschen hinaus und erbrach sich, es dauerte Ewigkeiten und es wiederholte sich,

ein Tee wäre gut, sagte der Eisenbahnpolizist,

wenn wir Tee hätten,
sagte ein anderer,

       nichts ist am besten, sagte ein dritter,
er hörte sie, kraftlos und wachsam, ihre Stimmen drangen
in ihn, die Sätze prägten sich ein,

       Tee wäre schon gut,
lieber nichts,

       es ist der Hunger,

       er solle sich hinlegen, sie
deckten ihn zu, aber er setzte sich wieder auf, starrte sie
an, ihre Gesichter verschwammen in dem matten Licht,
er traute ihrer Freundlichkeit, doch schlafen wollte er
nicht,

       am Morgen brachte sie ein Zug bis Krusbach, von
dort müßten sie bis Laa laufen,

       nach der Karte sind es
12 km,

       es war der längste Weg,

       ich habe vieles, was auf
der Fahrt sich ereignete, vergessen, umerzählt, den Weg
von Krusbach nach Laa könnte ich, gibt es ihn noch,
nachgehen, diese Landschaft, Punkte, auf die man zulief,
Baumreihen auf Hügeln, einzelne Bäume, Gehöfte, stei-
nerne Kruzifixe und wiederum die dörrende Sonne, dauernd im Zenit, und der Koffer, den er tragen mußte,
nachdem Tante K. die Knöchel angeschwollen waren, er
wanderte durch einen irren Traum, war leichter als die
Dinge, die er schleppte und die er, nach einiger Zeit, nicht
mehr merkte, weil der Schmerz zur Haut geworden war,
die ihn einschloß und taub machte,

       er stand vor einem
sowjetischen Soldatenfriedhof, einem Dutzend Gräber, die
noch frisch waren, und auf einem großen Felsstein lag ein
ausgebranntes Maschinengewehr, der schwarze Balken eines

Kreuzes; Tante K. rief ihn, ihre Stimme kam von weit her: Geh weiter, wenn du stehenbleibst, verlierst du an Kraft, es war nunmehr ein Echo, ihm war es gleichgültig, wo er sich befand, aber daß hier tote Soldaten lagen, in dieser Einöde, erschreckte ihn, er malte sich aus, wie sie gekämpft hatten, wie sie gefallen waren; sie hatten die Gräber in eine Senke gelegt, neben einem Bach, einem Rinnsal, in einer Wegschlinge,

ich habe es nicht vergessen,

ein Gehöft tauchte auf, schwamm im Licht, kam näher, Tante K. jammerte, fluchte, es war ihm, als flöge er, als höbe ihn die Last von der Erde, Hunde bellten und rissen an den Ketten,

ich erinnere mich an einen Holztisch, eine Bank vor einer Tür, dort haben wir gerastet,

eine Bäuerin hatte Milch gebracht und etwas Brot, sie trug eine Armbinde mit einem »N« Němec, Deutsche,

lang werden wir uns nicht mehr halten, sagte sie,

untersuchte Tante K.s rotgeschwollene Knöchel und sagte, schlimm,

die Milch schmeckte fett und nach Käse,

es sei Ziegenmilch, sagte die Frau, die Kühe hat man uns weggetrieben,

nach Laa sei es nicht mehr weit, vom Hügel könne man die Grenzen sehen,

dieses Gehöft ersteht im nachhinein, eine Fata Morgana für Flüchtende, so desolat wie konstant: die Holzläden, die von einem kaum merklichen Wind bewegt werden und in den Scharnieren knirschen, die fleckigen dürren Hunde an der Laufkette hinter einem brüchigen Drahtnetz, die Bäuerin, mehr eine Erscheinung, denn eine Gestalt, unwirklich, sich aus ihrer Existenz klagend, die rostigen Geräte, die einer, der Arbeit überdrüssig, mitten auf dem Hof stehenließ, nutzloses und verfallenes Gestänge,

  die Zöllner kramten in den Koffern, verhielten sich zurückhaltend, höflich und entließen sie ins Ungewisse, seit drei Tagen sei kein Zug mehr gefahren, sagten sie, Tante K. verhandelte mit Männern des Narodni vý bor, der gefürchteten Zivilgarde, sie log, sprach von ihrer uralten Mutter in Brünn, der sie voraus fahre, sie sei sehr alt, die Frau des Bahnhofsvorstandes, von der sie sich vor ein paar Tagen verabschiedet hatten, erkannte sie, fragte Tante K. nach den »Zuständen« aus und gestattete, daß Tante K. eine Erbswurstsuppe, die ihr Babitschka mitgegeben hatte, im Haus kochte,

  es war das vertraute Bild, die Wartenden auf dem Bahnsteig, Berge von Gepäck, auf denen Kinder schliefen, das Gewimmel von Kleinkindern, aber auch eine Erfahrung von Glück, die sich im Gedächtnis hält wie ein Bild aus einem altmodischen Kinderbuch:

  Am Nachmittag des ersten Tages, zur Stunde der heftigsten Hitze, fuhr ein Bahnbeamter auf einem kuriosen Gefährt ein, auf einem überdimensionalen Holländer, es sei eine Draisine, sagte Tante K.,

  er habe, erklärte der Beamte den Flüchtlingen, die Strecke abgefahren, sie sei in Ordnung und mit Zügen sei bald zu rechnen; er ließ die Draisine zurück, niemand wagte, sie zu besteigen,

  er tat es, hüpfte spielerisch über die Grenze, bemächtigte sich des Trauminstrumentes, prüfte die einzelnen Hebel, berührte den Antriebsschlegel, nahm ihn fest in die Hände, schob ihn nach vorn, noch zaghaft, zog ihn zurück, und die Draisine fuhr,

                  laß es!, schrie Tante K.,

                                            er

hörte nicht auf sie, er fuhr, er glitt, er flog,

                         es kann ein Zug

kommen!, schrie Tante K.,

                sie habe Tante L. unlängst er-
zählt, wie aufgeregt alle gewesen seien, besonders der Sta-
tionsvorsteher, der jedoch, als er dein trauriges Gesicht sah,
erlaubte, daß du auf einem toten Gleis fahren durftest, das
hast du drei Tage getan, niemand durfte fahren außer dir,
dafür sorgte sogar der Bahnwärter,

                      er träumte sich fort, die
Draisine war das Fuhrwerk seiner großen, um die Erde rei-
chenden Flucht, und noch heute sehe ich die Schienenbän-
der, die sich im Fluchtpunkt bündeln, schimmernd in der
Sonne, sich vervielfältigend im Dunst,

                    es war ihnen gesagt
worden, sie könnten im Haus des Tierarztes übernachten,
das stehe leer und sei nur leicht beschädigt; die Stadt war
stark bombardiert worden;

                das Haus war nicht übel, er-
zählt Tante K., wir schliefen in einem Bett, ich habe uns sogar Tee kochen können, und an der Decke des Zimmers, in
dem wir schliefen, war ein breiter Sprung, darum hatten wir
ein wenig Angst,

           ich habe dieses Haus, auch dieses Zimmer
vergessen gehabt, aber jetzt weiß ich, weshalb ich manchmal träume, ich läge in einem Bett unter einer gesprungenen
Decke, der Sprung wird weiter, klafft und die Decke stürzt
auf mich herab;

         im Morgengrauen eilten sie zum Bahnhof;
sie warteten in Laa fünf Tage auf einen Zug, am zweiten Tag
gingen die Vorräte aus, sie hungerten; am vierten Tag trieb

Tante K. einen Ranken verschimmelten Brotes auf, den sie in kleinen Stücken im Mund aufweichten, er spürte den Hunger nicht, denn er fuhr mit seiner Draisine rund um die Erde, auf diesem Fahrzeug verbrachte er die Tage, sich wünschend, daß kein Zug komme,

es sei wiederum ein Sonderzug gewesen, »lauter hochgestellte Zivilisten«, erzählte Tante K., der sie nach Schwarzenau oder wenigstens bis Sigmundsherberg gebracht habe,

aber das war nicht die einzige Reise, die wir miteinander gemacht haben, sagt Tante K.,

doch,

nein, du täuschst dich, wir sind ein paarmal in Wien gewesen, bei der Bronka,

das kann nicht sein, bei der Bronka hielten wir uns auf, ehe wir mit dem Transport nach Deutschland reisten,

ein paarmal sind wir bei ihr gewesen,

ich habe das vergessen.

»Heimkehr (I): Mutters Tilgung«

Als sie von der Brünner Reise heimkamen, wurden sie von N's im Hof abgefangen, schön, daß sie zurück seien, sie sollten sich in der Wirtsstube erfrischen, Frau H. sei ohnedies nicht da, und ihm sagten sie: Geh spielen Bub!, sie riefen nach der Großmutter, er weigerte sich, er wolle nicht spielen, wie du magst, er setzte sich an einen anderen Tisch und malte mit nassem Finger Figuren, Ornamente, angespannt, denn er spürte, daß sich in ihrer Abwesenheit etwas Schlimmes ereignet haben müsse.

Frau H. sei im Krankenhaus.

Um Gottes willen, was ist geschehen?

Sie ist vergewaltigt worden.

Er hatte die Geschichte oft gehört. Sie ist zur Anekdote geworden. Diese Geschichte hatte ihn krank gemacht, mit Haß erfüllt. Beim Kartoffelschälen sei Mutter von einem Russen beobachtet und gelegentlich belästigt worden. Sie habe sich über ihn keine Gedanken gemacht. Er sei auch von Vorgesetzten zurechtgewiesen worden. Er habe sie manchmal bis zum Gasthof verfolgt. Das habe sie dem Aufsichtsoffizier mitgeteilt. Vor fünf Tagen, spät in der Nacht, habe es an die Tür geklopft. Mutter habe sich nicht gerührt. Das Klopfen habe nicht aufgehört, dann habe jemand gesagt: Öffnen Sie, oder die Tür wird eingetreten. Wer da sei? Militärpolizei. Weshalb? Das würde ihr erklärt. Sie habe vorsichtig geöffnet, ein Mann habe die Tür ihr entgegengedrückt, die Pistole im Anschlag. Es sei der Russe gewesen, der ihr fortwährend nachgestellt habe. Er habe sie gepackt, auf den Schreibtisch gedrückt, immer die Pistole in der Hand, habe ihr das Nachthemd vom Leib gerissen. Sie habe gesagt: Da ist ein Kind, meine Tochter. Er habe gesagt, und er habe sich auf Deutsch recht gut verständlich machen können: Wenn das Kind schreit, wird es erschossen. Wenn du schreist, wirst du erschossen. L. habe einen Schock bekommen. Sie sei wie eine Statue im Bett gesessen. Er sei über sie hergefallen, aber habe nie die Pistole aus der Hand gelegt. Es sei schrecklich gewesen. Sie habe geblutet. Das Kind habe, nachdem er weggegangen sei, einen Weinkrampf bekommen. Am nächsten Tag habe sie den Vorgang bei der Kommandantur gemeldet und den Mann angezeigt. Es sei ihr versichert worden, daß er bestraft würde. Sie sei ins Krankenhaus eingewiesen und ausgekratzt worden.

Sie verletzten ihn mit Wörtern. Er hörte »ausgekratzt« und stellte sich vor, wie Ärzte mit gebogenen Messern in Mutters Leib herumkratzten.

Er besuchte Mutter in den nächsten Tagen im Krankenhaus. Sie lag in einem großen Saal mit vielen anderen Frauen. Eine russische Ärztin brachte ihn ins Zimmer und schenkte ihm Schokolade. Er streunte auf dem Krankenhaushof und geriet ins Leichenschauhaus, dort lagen, im kühlen Halbdunkel, nackte Tote auf den Tischen, kaum zugedeckt, und er dachte sich Geschichten aus, in denen sie auferstanden und von neuem starben.

Nach einigen Tagen wurde Mutter entlassen. Sie benahm sich so, als sei sie aus einer Betäubung nicht voll erwacht. Sie änderte sich nicht mehr.

Ich habe L. nie gefragt, sie hat den Erzählungen zugehört, sie nie kommentiert, nie darüber gesprochen.

Tante K. sagt, es sei ein Zivilist gewesen, ein Russe, den die Nazis nach Deutschland verschleppt hatten,

es ist ein Offizier gewesen, korrigiere ich,

der wäre nie bestraft worden,

das ist Unsinn,

doch, ich habe lange Zeit seinen Namen gewußt, sagt Tante K.

»Bronka oder Reisen, die vergessen wurden«

Oft sind wir nach Wien gereist.

Ich kann mich an nichts, an gar nichts erinnern.

Aber an Bronka?

Ja, sehr gut. Woher habt ihr sie gekannt?

Bronka sei ihnen durch Vater bekannt gewesen. Bronkas Schwester habe in Zlin gelebt, mit einem Tschechen verheiratet. Die beiden Mädchen seien in Polen geboren worden, Jüdinnen, und Vater sei es gelungen, Bronkas Schwester vor dem KZ zu retten, sie habe nicht einmal Zlin verlassen müssen. Bronka habe mit falschem Ausweis bei der SS in Wien gearbeitet.

Sie hat im 19. Bezirk gewohnt.

Nein, im 16., sagt Tante K.

Und wir sind nach Wien gekommen mit dem Zug?

Aber hör, das mußt du doch noch wissen.

Ich weiß es nicht mehr.

Mit dem Milchauto von O. Weißt du, die O's haben über der Molkerei gewohnt.

Ja, an den alten O. erinnere ich mich.

Also, der ist regelmäßig mit dem Milchauto nach Wien gefahren, weil er da Geschäfte erledigt hat, er hat geschoben, das kannst du dir denken. Er hat uns mitgenommen.

Saßen wir hinten auf der Pritsche?

Ach geh, im Führerhaus haben wir gesessen.

Warum habe ich das vergessen?

Es ist fast unmöglich, daß du das alles vergessen hast. Bronka ist mir gegenwärtig,

er hatte sie gern, weil sie Mutter ähnelte in ihrer Heftigkeit und Herzlichkeit, sie war geschickt und beliebt, lebte mit einem Russen zusammen, mit dem sie, sagt Tante K., später nach Amerika ausgewandert sei. Sie kochte unvergleichlich. Auf ihr Essen freute er sich, auf ihre Späße über den Knoblauch,

ein Lausbub wie du muß Knobel mögen,

ihr schwarzes, wildes Haar und daß sie klein war, rasch in den Gesten, sie glich Mutter,

Bronka habe, erzählt Tante K., sie mit Lebensmitteln versorgt, sogar mit Carepaketen, sie habe ihnen, 1946, auch die Ausreise aus dem französischen Sektor Wiens beschafft,

ehe sie den Transport bestiegen, hatten sie alle bei Bronka übernachtet, ein wahres Nachtlager von Granada, hatte sie gesagt, oder wie Gorkis Nachtasyl, er hatte es sich gemerkt, sie setzte ihnen riesige Schüsseln mit Suppe, Fleisch und Bohnensalat vor, da ist so viel Knobel dran, daß sie euch abweisen werden; sie hatte für den nächsten Morgen ein Pferdefuhrwerk bestellt, das das Gepäck – diese Deckenrollen, diese Kleiderbündel und steinschweren Koffer – zum Güterbahnhof bringen sollte: er und Mutter saßen neben dem Kutscher auf dem Bock, sie holperten durch halb Wien,

sie küßte ihn, als sie sich verabschiedeten, auf den Mund und lächelte, es gefiel ihm.

Aber daß er sie mit Tante K. schon in den Monaten zuvor besucht hätte? Warum habe ich es vergessen? Hatte er sich in Bronka verliebt und sich dessen geschämt?

Sie hätten sich, sagt Tante K., jedesmal an einer bestimmten Straßenkreuzung mit O. getroffen, er sei stets pünktlich gewesen.

Er steht vor einem Bretterzaun, an dem Zettel kleben, Suchanzeigen, Verkaufsangebote, er liest, die Nachrichten reizen seine Phantasie, sie warten auf jemanden, Tante K. und er,

gab es da einen Zaun, an dem Suchzettel hingen?,

ja, das stimmt,

haben wir dort auf O. gewartet?,

ja, dort,

jetzt weiß ich, daß ich mit dir öfter zu Bronka gereist bin und O. uns fuhr.

»Heimkehr (II): Typhus auf der Pawlatschen«

Tante K. erzählt: Einmal, als wir mit O. und dem Milchauto unterwegs gewesen waren, wurden wir von der Militärpolizei angehalten. Es war in der Nähe vom Stift Zwettl,
wir kamen aus Wien. Sie kontrollierten unsere Papiere,
sagten uns, wir könnten nicht nach Zwettl, dort sei Typhus
ausgebrochen. Zwettl liege unter Quarantäne. Wir sollten
zurück nach Wien fahren. O. wendete, fuhr zu einem Bauern, fragte, ob er das Auto unterstellen könne. Der Bauer
sagte, es sei Wahnsinn, nach Zwettl zu gehen. Wir mieden
die Sperren, brauchten lang für den Weg,

am Morgen kamen sie an. Vor dem Haus stand eine Wache, sie wurden durchgelassen. Auf der Pawlatschen hing
Wäsche, Bettwäsche, Mutter lief ihnen entgegen, Großmutter liege im Krankenhaus in der Isolierbaracke, sie habe Typhus. Tante K. begann zu weinen.

Es sei kein schwerer Fall.

Aber in diesem Alter.

Man könne sie nicht besuchen.

Es war eine Aufregung, sagt Mimi N., doch keiner von
uns ist angesteckt worden. Ihre Großmutter war mehrere
Wochen im Spital, später wurde sie in eine andere Baracke
verlegt, und wir besuchten sie.

Sie spielten Typhus, bauten eine Krankenbaracke im Heu.
Er war berühmt dafür, wie anschaulich, wie echt er sterben
konnte.

Soldaten desinfizierten mehrfach sämtliche Räume an der
Pawlatschen.

In den letzten Monaten, sagt Mimi N., hat Ihre Großmutter nicht mehr bei Lintschis Schwester gewohnt. Tante
K. sagt, Lintschis Schwester habe sich gewehrt, Großmutter
wieder aufzunehmen, sie hätten verzweifelt nach einer Bleibe gesucht und sie bei Leuten gefunden, die ebenfalls an

Typhus erkrankt gewesen waren. Dort hat sie dann gewohnt, hat mit einer anderen alten Dame im Zimmer geschlafen, aber tagsüber hielt sie sich bei uns auf, und abends haben wir sie hingebracht.

»Das Gymnasium«

Ich hatte, noch unlängst, ein Blatt in den Händen, auf dem bescheinigt wurde, er habe vom ... bis ... die zweite Klasse des Gymnasiums Zwettl besucht. M. sucht nach dem Blatt, sie habe es nie gesehen. Ob es ein Zeugnis gewesen sei? Wahrscheinlich nur eine Bestätigung. Ich bin nicht lang in die Schule gegangen, oder doch ein halbes Jahr? Das Gymnasium war in Baracken untergebracht. Ich sehe keinen der Lehrer mehr, kein Gesicht, keine Geste; einer, ein dünner Mann, steht am Fenster – was hat er unterrichtet? Sie hatten keine Bänke, sondern Tische, aber mit wem er in die Schule ging, neben wem er saß, frage ich mich vergebens, er hatte, scheint es, nicht einen einzigen Freund, nur der Weg fiel mir wieder ein, als ich Mimi im Finanzamt besuchte: die Landstraße hinunter bis zur Pestsäule und einbiegen in die Hamerlingstraße; das stimme, sagt Mimi N.

»Die Molkerei auf dem Galgenberg«

Auf dem Weg zur Molkerei, zu K's, kam er an einem Holunderbaum vorüber,
    wann blüht Holunder?, wann sind Holunderbeeren reif?,
dieser Baum markiert in meinem Gedächtnis den Weg, der, kamen sie von N's, an der Pestsäule, der Kirche, der Bäcke-

rei, die Schaum feilbot, vorbeiführte, über die Galgenberg-
brücke und dann den Hügel hinauf,

es kann sein, der Holunder stand vor der Propsteimauer,
er war mächtig, breitete sich aus, und das Holz war voller
Knoten; er duftete; es gibt Gerüche, die wiederkehren; der
Junge fragte:

Kann man die Beeren wirklich essen?

Man kann eine Suppe aus ihnen machen.

Warum sind Mutter, L. und er für einige Zeit zu K's gezogen?

Ich hätte K's im Juli 1971 besuchen, fragen können.

Es war, ich sehe ihn spielen, im Sommer, das Revier war
groß.

K's Haus befand sich neben dem langgezogenen Bau der
Molkerei und Brennerei, in deren Keller riesige Heiz- und
Kesselanlagen installiert waren, die ihn beeindruckten und
die von einem alten skurrilen Mann gewartet und bewacht
wurden.

Mit ihm hat er sich oft unterhalten.

War Mutter, nachdem der russische Offizier sie überfal-
len hatte, zu K's geflüchtet?

Woher kannte sie K's?

Herr K. war noch in der Gefangenschaft.

Die Kinder hatten in der ersten Nacht mit den beiden
Frauen im Ehebett geschlafen, sie hatten gescherzt, er
wachte auf, merkte, daß er mit dem Kopf auf dem nackten
Leib einer Frau lag. Die Haut roch fremd, nicht nach seiner
Mutter, es war Frau K. Er regte sich nicht, spielte den
Schlafenden, atmete ruhig. Es war ihm angenehm, reizte
ihn. Die Frau war wach. Ihr Bauch spannte sich unter seinem Kopf, wurde hart und wieder weich. Vorsichtig rieb er
seine Backe an der Haut, fürchtete, die Frau würde ihn bei-
seite schieben, sie tat es nicht, ihr Bauch drängte sich gegen
sein Gesicht, hüpfte, sprang in kurzen Wellen unter ihm.

Jetzt hörte er ihren Atem. Ihre Hand faßte seinen Schädel und drückte ihn fester gegen den Leib, der sich heftiger bewegte und an dem sich seine Backe rieb. Er sah, wie sie ein Bein anzog, sie hob sich unter ihm, es war ihm wohl, er rieb sich ungeniert an ihr, bis sie seufzte, der Bauch hart wie ein Brett wurde und sie seinen Kopf von sich wegschob, ihn hochzog, auf das Kissen bettete, ihn so behandelte, als schlafe er tief und sie wolle ihn nicht wecken. Ihr Atem war noch immer laut.

Er wünschte in den nächsten Nächten, daß es sich wiederhole, drängte sich gegen sie, doch sie schob ihn weg, und später schlief er in einem anderen Zimmer.

Über der Molkerei wohnten O's, der alte O., ein fantastischer Organisator, einer, der Nahrungsmittel aufzutreiben verstand, Zucker- und Mehlsäcke hortete, sich ein altes Auto zusammengeflickt hatte, für das er erstaunlicherweise Fahrerlaubnis bekam. Seine beiden Söhne waren ihm behilflich.

Ob ich mich noch an die Schwestern erinnern könne?

Ich habe einen der Söhne in diesem Jahr wiedergesehen.

Nein, überhaupt nicht, eigentlich auch nicht an ihn.

Er sei etwas später gekommen. Ich war kurze Zeit in Gefangenschaft.

Sie waren zum Stift Zwettl gefahren, weil dem alten O. zugetragen worden war, es seien in den Baracken Kartoffeln zurückgelassen worden, allerdings würde das Gelände von den Russen bewacht, nicht sonderlich aufmerksam;

der Junge fragte, ob er mitdürfe,

es sei zu gefährlich,

ich werde aufpassen,

O. und einer seiner Söhne nahmen ihn mit.

Sie fuhren bis in die Nähe des aufgelassenen Lagers, begegneten keinem Menschen, der alte O. tuschelte, erteilte zischelnd Befehle, sie hielten an einem Waldrand, stiegen aus, O. winkte, er solle zurückbleiben,

er schüttelte den Kopf, er wolle hier nicht allein bleiben,
jetzt hast du Lausebengel Angst,
er habe keine Angst; ich habe nie Angst,
dann bist du blöd, sagte der alte O., packte ihn am Arm,
riß ihn mit,
wir wollen sehen,
du bist nicht normal, hat er ihm ein paar Wochen später
gesagt, sie waren in ein Dorf gefahren, es war am Abend
oder in der Nacht, in einem Gehöft hatte der Alte lange mit
dem Bauern verhandelt, das Kind war Teil einer rätselhaften
Szene, kaum beachtet, sie feilschten im Lichtkreis einer
Petroleumlampe, scharfe Worte fielen, Drohungen, eine
Greisin trat hinzu, kicherte, verschwand wieder, der Bauer
verließ für einige Zeit das Zimmer, O's warteten schweigend, es werde umgeladen, sagte der Bauer, als er zurück-
kehrte, sie tranken miteinander, ihm wurde Milch angeboten, sie schmeckte fett und säuerlich, er trank sie in kleinen
widerwilligen Schlucken,
sie waren mit Anhänger gefahren, einem geschlossenen,
mannshohen Kasten auf Hartgummirädern,
er müsse, sagte O., in den Anhänger, das Auto sei bis
obenhin geladen, er solle sich auf die Säcke legen; es war so
finster auf dem Hof, daß er nur Schatten sah und das bla-
kende Licht hinterm Fenster,
er kletterte auf die Säcke im Anhänger, O. schloß die Türen hinter ihm, sie fuhren los, der Anhänger sprang, schlug
aus, schwänzelte hin und her, aber er war so müde, daß er
einschlief und daran aufwachte, daß Eisen über Stein schliff,
der Anhänger hin und her schlug, sich drehte, kreiselte, mit
einem Schlag nach vorn kippte, er und die Säcke gegen die
Tür prallten; er hörte Stimmen, hörte, daß der alte O. rief:
Wie geht's dir? Ist dir was passiert? Hast du dir wehgetan?,
er antwortete nicht,
O. riß die Tür auf, Gottseidank,

der Anhänger hatte sich vom Auto losgerissen, war die Steige hinuntergepoltert, war an einem Baum hängengeblieben, am Rand des Abhangs,

Glück gehabt, sagte O., hast du Angst gehabt?,

ich hab geschlafen, bin an dem Krach aufgewacht,

er ist verrückt, sagte O., er ist wirklich nicht normal, was für ein Glück;

der Mann zeigt auf Baracken, die inmitten eines öden Feldes stehen, hinter den Büschen können sie fast herankommen, ohne daß einer der Wachen etwas merkt, man müsse schnell sein,

die Säcke sind sicher schwer, sagte der junge O.,

wir werden sehen,

sie schlichen sich heran,

ich weiß, daß er Käfer im Gras betrachtet hat, Heuschrecken, daß sich seine Aufmerksamkeit auf Kleinigkeiten konzentrierte, daß er sich leicht fühlte und unversehrbar, es war ruhig, nur die Schritte knirschten, die Grillen zirpten, und die Wärme machte ihn träge,

sie kamen gut voran,

sie hörten Rufe, ein Soldat stand neben den Baracken, schrie, hatte die Maschinenpistole im Anschlag, der alte O. stand auf und rannte zurück, sein Sohn mit ihm, der Junge blieb liegen.

Der Soldat schoß, die Erde spritzte in Furchen auf, Steine klickerten scharf,

dann rannte auch er, der Soldat hörte auf zu schießen, er rief,

warum bist du nicht mit uns gekommen? fragte O.,

ich weiß nicht, mich hat er nicht gesehen,

sie fuhren weg,

die Kartoffeln sind im Eimer, sagte O.,

wer weiß, ob sie noch in den Baracken lagern, sagte sein Sohn.

Der hatte ihm beigebracht, mit dem Traktor zu fahren. Sie holten Milch aus den Höfen, nicht viel, zwei oder drei der großen, silbrig glitzernden Kannen standen am Ende auf dem Anhänger,

probier's, hatte er gesagt, du hast mir lang genug zugeschaut, da ist das Gas, da ist die Bremse, die Kupplung, der Schalthebel, er lernte es rasch, fuhr allein, es war sein Hochsitz und er spielte eine neue Rolle: er war stark, alt, das Schüttern des Motors übertrug sich auf das Fahrzeug, er vibrierte mit,

er hatte noch mit Ditta das Zelt im Garten aufgebaut, sie hatten in einer Feldscheuer, nahe der Molkerei, ein Lager, in das sie Funde schleppten, mehrere Jungen. Ich sah, von der Brücke, die Gebäude auf dem Galgenberg und hatte keine Lust, hinaufzugehen.

»Alltägliches oder Was ihn beschäftigt hat«

Ich habe Tante K., Mimi N. und O. das Stichwort »Süßer Schaum« gegeben, es half ihrem Gedächtnis nicht nach. L. freilich erinnert sich, denn sie hatte er manchmal mitgenommen. Der Bäcker, bei dem sie jede Woche dreimal um Brot anstanden, stellte bisweilen, ohne Vorankündigung, einen sacharingesüßten Mehlschaum her, den er in kleinen Papptüten verkaufte. Es war eine Delikatesse, der wundersame Einbruch von Luxus. Gab es Schaum, wußten es die Kinder sofort und alsbald standen sie Schlange. Es gab jedesmal den Moment, da die Schlange schmerzlich stockte, erstarrte und die noch Wartenden erfahren mußten, daß der Schaum ausgegangen sei. Die Bäckersfrau vertröstete sie aufs nächste Mal. Darum herrschte, kam die Nachricht vom süßen Schaum, Aufregung unter den Kindern der Stadt, und sie rannten, so schnell es ging, zum Bäcker, dessen Geschäft sich am unteren Ende der Landstraße, zwischen Kirche und Spital, befand.

Es machte ihm Vergnügen, Schlange zu stehen, nicht nur um Schaum, auch um Brot und um Fleisch, das meistens breitfasriges Pferdefleisch war. Wurde Blunsen feilgeboten, geronnenes Blut mit Speckstücken, war die Gier enorm, und die Weiber drängten die Kinder rücksichtslos aus der Schlange. Besonders gern stellte er sich hinter Mädchen oder junge Frauen; die sich unaufhörlich bewegende Schlange drückte ihn in ihrer Ungeduld gegen sie und er fühlte ihre Wärme, ihren Leib. Wurde er zu frech, wandten sie sich zu ihm um; er zog ein nachdenklich gleichgültiges Gesicht und ließ sich die flüchtige Lust nicht anmerken.

Schickte Mutter ihn zum Schlange stehen, flehte sie ihn an, die Lebensmittelkarten nicht zu verlieren. Sie würden verhungern müssen. Er trug einen kleinen ledernen Brustbeutel, in dem er die Karten verwahrte. Er war gerissen, mogelte, stellte sich einen halben Schritt neben den Verlauf der Schlange und trat dann unmerklich um ein oder zwei Plätze nach vorn. Es fiel nicht immer auf. Bemerkten es die Anstehenden, verwiesen sie ihn, zur Strafe, ans Ende. So verbrachte er Tage.

Solange Mutter in der Kommandanturküche Kartoffeln schälte, besuchte er sie. Die Frauen arbeiteten in einem asphaltierten Hof. Vier saßen um einen Trog, in den sie die geschälten Kartoffeln warfen. Sie schwätzten ohne Unterbrechung, und er hörte ihnen zu. Die Szene war für ihn ungewöhnlich. Oft erschienen Soldaten, Offiziere, die Frauen unterbrachen ihre Unterhaltungen, starrten angestrengt in die Tröge, ihre Angst war offenkundig und löste sich erst, wenn die Soldaten scherzten oder den Hof wieder verließen. Es fielen ihm Geschichten ein, die ähnliches berichteten, Erzählungen aus dem Dreißigjährigen Krieg, von Marketenderinnen und Musketieren, und er korrigierte die Bilder durch seine neue Erfahrung.

Über die Währungsreform war Mutter nicht glücklich. Es wurde wenig Geld eingetauscht. Sie hatten alle, Großmutter, Tante K. und Mutter, zur Bank am Dreifaltigkeitsplatz zu gehen, sich auszuweisen und Markscheine abzugeben. Er fand es amüsant, daß zwei Währungen, mit denen er umgegangen war, die Krone und die Mark, an einem Tag gelöscht und durch Schilling und Groschen ersetzt wurden. Er wurde zum Virtuosen im Umrechnen: für zwei Schillinge hätten wir soundsoviel Mark, soundsoviel Pfennige, soundsoviel Kronen, soundsoviel Heller bekommen.

Sie sind, erzählt Mimi N., manchmal ins Kino gegangen, gleich zu Beginn, die Russen zeigten Märchenfilme. Das Kino lag am Hauptplatz, zum Vorführraum im ersten Stock führte von außen eine Eisenstiege, die ihn reizte, die er aber nicht zu benutzen wagte. Die Hälfte des Publikums waren Sowjetsoldaten, die mit ihnen lachten und Süßigkeiten verteilten. Er sah einen Film, in dem ein tatarischer Prinz in unglaublicher Pracht um eine schöne Prinzessin warb. Die Prinzessin tanzte und sprach nicht. Sie schien verzaubert. Da er die Dialoge nicht verstand, redete er eine Geschichte mit, die ihm glaubhaft schien. Gegen den Prinzen kämpften dünnbärtige, schlitzäugige Unholde mit Krummsäbeln, doch ihre Bösartigkeit hob sich auf in fabelhaften Tanzsprüngen, in Pirouetten. Die Farben entzückten ihn. Manche Lieder sangen die Rotarmisten mit, und ihre Heiterkeit belebte ihn. Am Ende tanzte der Prinz mit dem schönen Mädchen in einer Grotte aus funkelndem Geschmeide, und sie verschwanden in einem blauen Licht.

»Ditta oder Die Künste der Haut«

Ich habe Tante K. gefragt, weißt du noch, wer Ditta war, sie sagte, nein, auch L. erinnerte sich nicht, Mimi N. hätte ich fragen können, ich hatte es nicht gewagt, oder ich hatte es bewußt unterschlagen, oder ich fürchtete, sie könnte die einzige sein, die antworten wird : Ja, Ditta, sie wohnte beim Uhrmacher, sie war – sie kann sie mir fortreden, von neuem, jetzt bin ich dran, allein, ich erfinde, was gewesen ist,

ihr Gesicht ist, außer dem Pjotrs, das einzige, das Fotografien nicht verraten könnten: ich sehe es hauchnah vor mir, finde es nicht hübsch, es stößt mich ab, sie riecht aus dem Mund, wie nach verfaulten Äpfeln, sie hat dünnes, rötliches Haar, glatt gekämmt, es franst über die Ohren, knochige Backen, die stoßen, wenn sie ihr Gesicht gegen meines drückt, einen winzigen runden Mund, den die Stummfilmstars der Zwanziger schön fanden, Gitta Alpar, einen Gitta-Alpar-Mund, und wäßrige, fast farblose Augen, aber sie bewegte sich anders als die Mädchen, mit denen ich spielte, sie hatte einen Busen, der die BDM-Bluse ausbeulte, und sie ging herrisch mit uns um, wies uns an, brachte uns Spiele bei, es ist wahr, sie stand mit einem Mal unten am Bach und sah uns beim Baden zu, L. müßte sie also kennen, wir ruderten durch Schlingpflanzen, rissen die grünen Schweife aus dem morastigen Boden und wickelten sie uns um den Hals, die Brust, sie hätte sagen können: das ist eklig, aber es badeten viele Kinder in dem Bach, der Abwässer der Häuser auf den Felsen aufnahm, er stank, wenn man eine Weile im Wasser war, merkte man das nicht mehr, oder man lief über den Anlagenweg, die Wiese zur Zwettl, badete dort oder legte sich hin, stinkend, ließ die Tanggirlanden auf der Haut trocknen,

jetzt kommt sie,

sie fragt: Seid ihr schon lange hier?,

er sagt: Schon ein paar Wochen,

sie fragt: Wart ihr vor den Russen da?,

er sagt: Ja, und sie sagt: da seien sie noch in Schwarzenau oder in Geras gewesen, wir haben eigentlich zu den Amerikanern wollen, wir auch, sagt er, sie feixt, das Feixen reißt ihr Gesicht auseinander, das gefällt ihm,

aber sie hat das N'sche Anwesen so gut gekannt, die Scheuer besser als er, vielleicht hat sie nicht beim Uhrmacher gewohnt, obwohl er sie manchmal dorthin brachte, nach Ausflügen in den Wald an der Zwettl, wo es den Hang hoch hinaufging, wo die Soldaten Waffen, Brotbeutel, Feldflaschen, Koppel fortgeworfen hatten, wo es kleine provisorische Baumhütten gab, über die man abenteuerliche Geschichten erzählen konnte, sie war plötzlich da, sie war übermächtig, zuerst kümmerte er sich nicht um sie, denn sie war älter als er, zwei oder drei Jahre, fast erwachsen, und er wollte sich nichts vergeben,

ich sehe sie, wenn ich sie mir vorstelle, immer vor einem bestimmten Landschaftsausschnitt: der Gerungser Straße, die von der Brücke einen sanften Hügel hinaufführt, an ein paar Villen entlang, immer nur dies, als stünde sie fest in einem Bild: ich frage mich, warum: ob ich sie so kennengelernt habe?, da wäre sie an den Bach gekommen und hätte uns beim Schwimmen zugeschaut, danach sind wir miteinander geschwommen, sie trug einen gestrickten Badeanzug, der ihr zu klein war, ich schämte mich, wenn andere sie anschauten, so sehe ich sie: die Gerungser Straße hinter ihr, das Weiß der Häuser und der grüne Straßenrand, am Ende eine schwarze Andeutung von Wald; das Wasser ist dreckig, sagt sie, meine Mutter hat mir verboten, im Bach zu baden,

sie sagte Mutter, er sagte Mutti,

solch ein Unterschied ist zu hören, er hakt sich fest, nachdem seine Mutter tot war, nannte er sie, wurde über sie geredet, Mutter: ihr Selbstmord hatte sie entfernt, wenn sie sich nicht im Wald herumtrieben, Feinde-Erkunden spielten, im Heu oder im Zelt lagen, saßen sie auf der Steintreppe, die zum Garten hinunterging, sie erzählte, sie schnitt auf, sie hatte die Angewohnheit, unaufhörlich die nackten Schenkel gegeneinander zu schlagen, es klatschte, manchmal schob sie die gefalteten Hände dazwischen,

ihr Vater sei Oberst gewesen, ein hoher Offizier, eigentlich höher als Oberst, und er sei einer von denen, die Adolf Hitler verteidigt hätten bis zum Schluß, heldenhaft, wahrscheinlich sagte sie heldenhaft, denn das war ein Wort, das uns eingepaukt worden war, das sich uns verband mit Männlichkeit, Tollkühnheit und edlem Tod, in dem Bunker da, und nun wissen wir nichts von ihm, die Mutter wartete, sie sagt, er kommt immer durch, er ist auch in Rußland gewesen und in Frankreich, er hat uns tolle Sachen von dort geschickt, Parfüme für die Mutter, und Stoffe für ein Kostüm, auch ein Kleid für mich, er hat eine Menge Panzer abgeschossen,

sie sagte auch, er sei bei den Fliegern gewesen,

beim Führer war er aber auch? fragte er,

das war später, sagte sie, es ärgerte sie, wenn er sie zaghaft korrigierte,

sie hatte ihm eine Fotografie von sich gegeben, ein kleingeschnittenes Paßfoto, auf dem nur noch das Gesicht zu sehen war, fast ohne Hals und ohne Schulter, er schob es immer so tief in das kleine Fach der Geldbörse, daß es niemand finden könnte, nur tagsüber, wenn er allein war, oder auf dem Klo, zog er es heraus, sah es sich an, auf das Foto hatte sie, winzig: Zum Andenken an Ditta geschrieben, und ein Datum, besäße ich das Foto noch, wüßte ich, wann er sie kennengelernt hat, im Mai oder Juni 1945, es war gleich zu Beginn der Zeit in Zwettl gewesen, es fiele mir vielleicht auch ihr Familienname ein, den ich vergessen habe, der sich, soviel ich über Ditta schreibe, so gegenwärtig sie mir jetzt ist, nicht mehr zurückrufen läßt,

sie war es gewesen, die ihm das Schlupfloch zur Scheuer gezeigt habe – es waren zwei oder drei lockere Bretter, die man zur Seite drehen konnte, denn das Tor wurde von N's immer geschlossen, und der alte N. prüfte es, so oft er vorbei ging (auch eine Geste, die mit einem Nu deutlich wird: wie der Mann mit etwas eingeknickten Knien vorübergeht, die Klinke herunterdrückt und zieht und den Schritt dabei nicht unterbricht), vermutlich hatten sie vor dem Einmarsch der Russen Wertgegenstände unterm Heu versteckt und fürchteten noch darum,

Ditta kannte sich in dem Heuschober aus, sie war nicht das erste Mal dort, sie zog ihn hinter sich her, es war dämmrig, und, sobald sie durchs Heu wateten, war die Luft voller Staub: Halte dir den Mund zu, wenn du husten mußt, befahl sie ihm, hätte sie ihm befehlen können, da er ständig gegen Hustenreiz ankämpfen mußte und sich vor Vater und Sohn N. entsetzlich fürchtete, wir sind gleich bei meinem Bau, sagte sie, sie kletterten eine Leiter hinauf, es war eine Gasse ins Heu gebahnt, sie erklommen einen Heuberg, rutschten weg, sie zog ihn nach, der Gipfel des Berges war ausgehöhlt, zerrissene Decken waren ausgebreitet, bildeten Wände und Boden, hier hätten sich, beim Einmarsch, Frauen versteckt, es ist wahr, auch meine Mutter war während der beiden ersten Tage verschwunden gewesen, im Heu, wie sie nachher sagte, sie hatten sich die Gesichter geschwärzt, die Haare gerauft, Kopftücher umgebunden und alte Weiber gespielt, die hätten es vergessen, und das ist mein Bau, sagte sie, hier bin ich daheim, komm rein, und zog ihn nach,

aber eigentlich hatte es im Wald angefangen, gleich, sie kannten sich allenfalls drei oder vier Tage, oben auf der Anhöhe war ein Auto liegengeblieben, in dem saßen sie, Ditta erzählte, sie habe sich auch verstecken müssen, als die Russen kamen, sie hätte vergewaltigt werden können, aber nichts ist geschehen, sagte sie, die Kinder unterhielten sich oft über Vergewaltigungen, sachlich, dachten sich nicht, was geschehen war, es waren Unglücksfälle, die von der Umgebung oft bejammert wurden,

aber er war es, nicht sie, oder sie hatte es nicht gezeigt, oder mein Gedächtnis will es, daß er es war,

er hatte sie aufs Ohr geküßt, und der Kuß war ausgerutscht, weil sie sich bewegt hatte,

hast du eine Freundin gehabt, bei euch zu Hause? fragte sie,

ja, mit der bin ich auf dem Bummel gewesen,

hast du sie geküßt?,

er sagte: Ja: doch es stimmte nicht, er hatte sich nie getraut, die älteren Jungen schnitten damit auf, aber jetzt war das Gefühl da, einengend, so stark wie manchmal nachts,

sie boxte ihn, nahm seine Hand, sagte: Dann kannst du richtig Kuß geben, er fragte: Hast du schon jemanden geküßt?, nicht richtig, sagte sie, als er den Arm um sie legen wollte, stieß er sie an, es gelang ihm erst nicht, sie lachte, so gut könne er es doch nicht, sie half ihm, kam ihm entgegen, sie preßten ihre geschlossenen Lippen aufeinander,

wahrscheinlich sind sie dann aus dem Führerhaus gehüpft und in den Ort gerannt,

im Heu konnten sie es besser, jetzt waren sie schon geübt, jetzt hatte sie ihm schon vorgemacht, wie die Schenkel sich öffnen, wenn die Hand am Knie bleibt, streichelt,

er hatte sie geküßt, noch im Wald, sie hatte ihm gesagt, steck doch die Zunge in meinen Mund, so muß man das machen, ich tu es nachher auch, sie roch, es hatte ihn geekelt, sie trieb ihren Atem über die Lippe an die Nase, er schob sie zurück, doch sie hielt ihn fest, so mittendrin kannst du nicht aufhören, sagte sie, er fragte, wie lange muß denn ein Kuß dauern, sie sagte, du bist blöd, du bist doch noch ein Kind,

dreizehn,

er hatte sie angelogen, dreizehn, obwohl er noch nicht zwölf war, sie hielt ihn aber fest,

auf dem Heuboden hatte sie ihre Bluse ausgezogen, sie hatte ein Leinenhemd an, das fast bis zum Hals ging, er hatte Lust, ihre Brüste anzufassen, er rieb sie, sie befahl ihm, es sanft zu tun: Und mit den Handflächen über die Mitte, er fühlte ihre Warzen, sie sagte, nicht so fest, die kommen raus, wenn es schön ist;

sie hat alles so ähnlich gesagt, mit einer Stimme, deren Tonfarbe ich nicht mehr höre, die aber selbstsicher gewesen sein muß, bestimmt, sie fragte: Hast du schon einmal eine nackige Frau gesehen?, er sagte, ja, er hätte sagen können, meine Mutter, er sagte es jedoch nicht, ihm fiel die Frau ein, die sich ihnen auf der Flucht von Olmütz angeschlossen hatte, sie hatte mit ihnen auf dem Bauernhof in Trübau übernachtet; nach dem Abendessen hatten sie sich gewaschen, sie war später in das Zimmer gekommen, in dem sie auf dem Boden schliefen, nur ein schwaches Licht brannte, sie war nackt, er stellte sich schlafend, sie lief nackt herum, suchte ein Handtuch, trocknete sich ab, sie fuhr mit dem Handtuch zwischen die gegrätschten Beine, da waren schwarze Zotteln, sie räkelte sich, ehe sie sich ein Hemd anzog, er träumte von ihr, immer denselben Traum, wie sie sich, mit gespreizten Beinen, auf seine Brust setzte, sich rieb, ihn würgte, und am Ende mit Schleim überschwemmte, es gab eine Zeit, in der er diesen Traum oft träumte, zwischen fünfzehn und sechzehn,

ja, sagte er, ich hab nackige Frauen gesehen, nicht nur eine, hat dir das gefallen?,

kommt darauf an, sagte er,

sie brachte ihm bei, ihre Brüste zu küssen, was ihn vergnügte, und einmal gelang es ihm, seinen Kerl ein wenig in ihr Loch zu schieben, es war warm, feucht;

sie hatte sich eine Zeltplane organisiert, so mußten sie nicht mehr so häufig zum Bau gehen; oben, an der Molkerei, im Garten von K's schlugen sie das Zelt auf (warum dort? Kannte Ditta K's oder O's, hatten ihre Eltern dort zu tun?), im Zelt sammelte sich die Wärme, und der Geruch ihrer Leiber war stark, erregte ihn; er hatte Angst, daß jemand in das Zelt gucken könnte; das tut niemand, sagte sie, und wenn, die wissen doch, wie nackige Kinder aussehen; wenn sie Schritte hörten, wurde sie wild, und er mußte ihr den Mund zuhalten; sie sagte ganz laut, tu jetzt den Finger ins Loch; er hatte vor Angst keine Lust mehr, und als Frau K. das Zelt aufriß, sie die Decke kaum mehr über sich ziehen konnten, hatte er Ditta verloren; Frau K. sagte, er solle hinauf zu seiner Mutter kommen,

seine Mutter meinte, Ditta sei kein Umgang für ihn, er fange schon wieder an wie in Olmütz, wo sie wohne, wer sie sei; er schwieg; sie hatten sich noch einige Male getroffen, aber sie zog sich nicht mehr aus, sie habe einen besseren Freund gefunden, kein Kind.

»Montag, 26. 7. 1971«

Ich kam gegen 10 Uhr in Zwettl an, suchte nach dem Rotkreuz-Beauftragten F. Wir fuhren von Osten her in Zwettl ein, ich erkannte das Stadtbild sofort wieder. Dr. U., der den Wagen fuhr, fragte mich, ob er ihm sagen könne, wie er fahren solle, ich wies ihn, ohne nachdenken zu müssen.

Wir fuhren die Landstraße hinunter, um die Kirche herum, parkten auf dem Platz vor der Pestsäule. Ich sah die Landstraße hinauf, sah auf der linken Seite das flache Gebäude des ehemaligen Gasthofes N. Die Straße war kürzer, als ich es erwartet hatte. Ein Mann sagte uns, als wir ihn nach der Alpenlandstraße fragten, daß wir über die Zwettlbrücke fahren müßten, in das neue Viertel. Wir fuhren hin, ich fragte wieder nach der Alpenlandstraße, zu wem wir wollten, wurde zurückgefragt, ich sagte, zu Herrn F., Herr F. arbeite in der Bezirkshauptmannschaft, wir würden ihn nicht zu Hause antreffen. Wir fuhren zur Bezirkshauptmannschaft, ich fragte nach Herrn F., man sagte mir, er habe ein Zimmer im zweiten Stock, ich werde schon erwartet. Ich merkte, daß man mich erwartete, daß man über mich geredet hatte. Herr F. kam mir auf dem Gang entgegen, ein einbeiniger Mann an Stöcken. Er bat mich in sein Büro, ein sehr kleines Zimmer, zeigte mir die Mappe »H«, die schon umfangreich geworden war, viele Briefe, Papiere, er sagte mir: Ich weiß jetzt, wo Ihr Vater begraben liegt. Die Skizze, die Sie mir geschickt haben, hat mir geholfen. Das Innenministerium hat genehmigt, daß wir auf dem Truppenübungsplatz graben, wir haben schon gegraben, es gibt tatsächlich drei Gräberreihen, und das Grab Ihres Vaters ist nicht das letzte.

Vier Tage, ehe ich kam, war eine Kommission aus Kassel auf dem Truppenübungsplatz gewesen, hatte Probegrabungen gemacht. Gräber in den drei Reihen sind freigelegt worden. Man weiß jetzt, wie viele Gräber vorhanden sind, man rechnet mit neunzehn. Merkwürdigerweise haben einige, darunter auch mein Vater, Holzsärge bekommen, die, so nimmt man an, von den Gefangenen gezimmert worden sind. Herr F. sagte mir, der Kommandant des Truppenübungsplatzes, der Oberst vom Bundesheer W., sei mir gegenüber mißtrauisch, befürchte, daß ich in Zeitungen schriebe, wie nachlässig man mit diesen unbekannten Gräbern umgegangen sei, worauf ich erwiderte, die Gräber waren ja wirklich nicht bekannt, worauf Herr F. sagte, bereits 1964 habe man beim Bau eines technischen Gebäudes sieben Gräber gefunden, er habe darauf gedrungen, daß man weitergrabe, dies sei vom Bundesheer abgelehnt worden, es seien zufällig gefundene Grabstätten; es sei die Südseite des kleinen Gefangenenfriedhofs gewesen, an die man damals gestoßen war. Erst meine Skizze habe dem Innenministerium endgültig den Aufschluß gegeben und das Bundesheer überzeugt Jetzt grabe man die Skelette aus und werde sie auf dem Friedhof von Allensteig neu betten. Er fragte mich da schon, ob ich es wünsche, daß man Vater überführe nach Deutschland, ich sagte ihm, ich wünsche es nicht, mein Vater hat hier 26 Jahre gelegen. Herr F. rief den Oberst in der Kommandantur an. Der Oberst sagte, er werde zurückrufen. Sie brauchten mehr als eine halbe Stunde, um zu beraten, ob man mich auf den Truppenübungsplatz lassen könne. Herr F. warnte mich, es könne für mich ein harter Anblick sein. Ich sagte, ich wolle nur sehen, wo mein Vater gestorben sei, es sei viel Zeit vergangen, der Anblick des Grabes werde mich nicht berühren.

Ich verließ Herrn F. Herr F. hatte mittlerweile für mich eine Verabredung mit Fräulein Mimi N. getroffen. Ich würde sie im Finanzamt in der Hamerlingstraße No. 2 besuchen. Ich ging mit Dr. U. und seiner Familie essen. Der Gasthof hieß »Zum schwarzen Kater«. Ich bestellte mir eine Selchsuppe, einen Schweinsbraten mit Semmelknödel, während die anderen Waldviertler Knödel geröstet aßen und ich mich fragte, ob die Knödel mit denen zu vergleichen seien, die ich damals bei N's gegessen hatte, aus rohen und gekochten Kartoffeln gemischt.

Ich brachte Dr. U. und seine Familie zu dem Haus des jetzigen Kinderarztes, Dr. L., der erst seit zwei Monaten in

Zwettl praktizierte, und ich erkannte das Haus wieder als das Haus des alten Dr. L. Der Eingang ist unverändert geblieben. Ich verabschiedete mich, wir verabredeten uns auf halb vier. Es war geplant, daß wir um vier mit Herrn F. nach Allensteig und von dort zum Truppenübungsplatz fahren würden.

Zwettl liegt im Tal des Kamp und der Zwettl, die hier in den Kamp mündet. Es ist eine arme, in ihrer Verschlossenheit eindrucksvolle Gegend. Auf das Weinviertel folgt das Waldviertel, ein dichter Wald, der aus den Tälern steigt; es gibt einige Talsperren; es gibt zahlreiche Schlösser auf den Anhöhen; die Gehöfte sind klein, ducken sich, die Äcker sind karg. Zwettl sieht man von der Höhe aus, die Kirche, den Hauptplatz – ich erkannte es wieder. Zur Rechten die barocke Kuppel des Stifts, vor uns die Stadt. In der Landstraße sind sicher noch 70 Prozent der Häuser aus dem Barock, mit den schönen, tiefen Toreingängen, den Innenhöfen, aus denen Gärten über die Stadtmauer hinunterwuchern.

Ich ging durch die Stadt, ging in das ehemalige N'sche Anwesen hinein. Die Holztreppe, die zur Altane hinaufführte, ist abgebrochen. Das Tor zum Hof war zu, ich drückte es auf, ich stand im Hof, ging zurück, ging durchs Haus auf die Altane und sah durchs Fenster in die Stube, in der wir ein Jahr gehaust haben; die Stube war leer. Der Hof hat sich nicht verändert, auch der Gang hinunter zum Garten, nur die Steintreppen sind verfallen. Als ich mich anschickte, den Hof zu verlassen, trat mir ein älterer Mann in den Weg, vielleicht der Wirt des Gasthofes, der jetzt »Zum deutschen Kaiser Josef II.« heißt, fragte mich barsch, was ich hier suche, ich sagte: Ich habe vor vielen Jahren hier gewohnt, er wurde mit einem Male freundlich, fragte mich, ob ich die Gaststube sehen wolle, ich sagte: Ja. Die Gaststube war mir fremd, vermutlich ist sie umgebaut worden.

Ich ging zur Zwettlbrücke, wanderte zwischen dem Bach und der Zwettl, auf dem Wege, der mein Spiel-Weg gewesen war, mir fiel der Eislaufplatz ein, ich lief hin, das Holzhaus stand, es ist geblieben, es war so wie damals, nur wenige hundert Meter hinter dem Eislaufplatz befindet sich ein Freibad, das erst vor ein paar Jahren gebaut wurde. Die Fassaden über der Stadtmauer, über den Felsengärten waren geweißnet oder im barocken Gelb, und es tat mir weh, als ich sie sah. Ich setzte mich auf eine Bank, las die Dokumente, die meinen Vater betrafen, blieb eine Weile sitzen und schaute auf den Fluß, den Weg.

In der Hamerlingstraße 2 fragte ich nach Fräulein N. Ich solle den Gang hinuntergehen, bis zum Schild, auf dem »Auskunft« stehe, da arbeite sie. Ich klopfte, ein Mann saß im Vorzimmer, ob Fräulein N. hier zu finden sei, er sagte, gehn Sie bitte ins Zimmer nebenan, eine Frau kam mir entgegen, klein, viel kleiner als ich sie in Erinnerung hatte, mit einem strengeren Gesicht, mit Augen, die ich wiedererkannte, nur die Augen, und eine junge Stimme. Sie sagte: Grüß Gott, Sie sind es, der Peter ist gekommen. Ich setzte mich auf einen Stuhl, sagte: Ja, ich bin gekommen. Wir redeten uns mit Sie an. Wir unterhielten uns, sie fragte: Wie geht es L.? Wie geht es Ihrer Frau Mutter? Ich sagte: Sie ist tot. Sie hat es, was mich wunderte, nicht gewußt, obwohl Tante L. vor vier Jahren in Zwettl gewesen war, sie sich kurz gesprochen hatten. Sie müssen meine Mutter sehen, sagte sie; ich sagte: Ja, aber ich habe ihre Mutter nicht besucht. Mimi N's Eltern leben noch, ihr Vater, etwas über achtzig, sei krank, erinnere sich an nichts mehr, aber meine Mutter, die ist ja zehn Jahre jünger, die weiß noch alles, die wird sich freuen, wenn Sie sie besuchen, der Peter, hat sie gesagt, von dem haben wir oft gesprochen. Wissen Sie, Ihre Großmutter hat immer von der Pawlatschen gerufen, Lore, Lore komm, das Abendessen ist fertig, wo ist der Peter?

Der Peter ist nicht da. Sie waren nie da. Sie waren so lebhaft wie Ihre Mutter. Sie waren immer weg. Sie fragte: Wollen Sie ein Bild von Ihrer Frau Mutter haben? Es ist sicher eines der letzten, wenn sie 1946 schon gestorben ist. Sie gab mir das Bild. Mutter steht neben dem jungen N. und Mimi. Sie trägt das Kostüm, an das ich mich sofort erinnere, schwarz-weiß genoppt, an den Taschen und Kragen mit schwarzem Pelz besetzt. Mimi fragt: Als Sie damals nach Wien sind, sind Sie gleich weitergefahren? Ich sage: Wir sind noch eine Weile in Wien gewesen, was sie erstaunt. Sie sagt: Sie sind sehr neugierig gewesen. Sie haben sich für alles interessiert. Wissen Sie, daß es eine Magd bei uns gegeben hat, eine Be-dienerin, die Poldi, die spricht viel über Sie. Ich konnte mich an die Poldi überhaupt nicht mehr erinnern. Mein Onkel war auch noch da, erzählt sie, der konnte schlecht gehen – als sie sagte: Er hatte etwas am Bein, sah ich ihn vor mir. Aber an die Poldi müssen Sie sich doch erinnern! Ich sage: Nein. Aber die Poldi redet immerfort von Ihnen: der Peter, was hat der Peter gemacht, er war bei mir in der Kü-che, und seine Großmutter hat gerufen, Peter, wo bist du? Mimi N. sagt, Sie sind dünn gewesen, Sie haben hellere Haare gehabt als heute. Ich sage: Das glaube ich nicht. Sie sagt: Das stimmt aber. Ich sage: L. ist noch dunkler als ich. Sie sagt: Das kann nicht sein. Sie fragte: Wie geht es L.? Ich sagte: L. ist verheiratet, hat zwei Kinder. Sie fragte: Wo lebt sie? Ich sagte: In R. Sie kneift die Augen zusammen und schweigt. Sie sagt: Kennen Sie K's noch? Ich sage: Die oben in der Brennerei? Sie sagt: Ja, beide leben noch, Herr und Frau K. Wollen Sie ihnen nicht einen Besuch machen? Ich sage: Ich möchte nicht. Als ich den Namen K. hörte, fiel mir die Frau ein, eine ziemlich junge, robuste blonde Frau. Mimi N. sagte noch einmal: Sie müssen meine Mutter besu-chen und: Ich kann es einfach nicht verstehen, daß Sie sich an die Poldi nicht mehr erinnern. Sie sagte mir: Ich habe mir Sie hager vorgestellt, so wie Sie damals waren. Sie sind anders als früher. Ich sagte ihr nicht: Sie sind ganz anders als früher, nur Ihre Augen sind gleich geblieben. Ich habe schon wieder vergessen, worüber wir uns noch unterhalten haben. Sie sagte: Die Tante K. ist sehr agil gewesen, sehr energisch. Ich zeige ihr ein Foto, auf dem auch Tante K. zu sehen ist. Sie sagte: Ah, das ist die Tante K., ja, das ist die Tante K. Ist sie immer noch so energisch und lustig? Ich sage: Ja, das ist sie, aber sie war nicht immer so. Sie schaut mich verdutzt an. Ich stand auf, sagte: Ich muß gehen, ich bin verabredet. Sie sagte: Es sind 26 Jahre her. Fahren Sie mit Herrn F. nach Döllersheim? Ich sagte: Ja. Sie sagte: Alles Gute. Und wenn Sie wieder nach Zwettl kommen, besuchen Sie auch mich. Ich sagte: Ja. Ich ging durch die Toreinfahrt des Hauses von Dr. L., stieg die Treppe hinauf, auf der einen Seite stand »Ordination«, auf der anderen »Privat«. Ich klingelte. Die Wohnung war neu ausgebaut. Als ich aus dem Fenster sah, wußte ich, daß ich hier oft gewesen war. Ich sagte zu der jungen Frau L.: Ich kenne das Zimmer, den Blick, hier habe ich gesessen, Dr. L. kam hinzu, ich wiederholte, er sagte: Das kann nicht möglich sein. Ich sagte: Das ist die Wohnung vom alten Dr. L. gewesen. Er sagte: Wissen Sie, daß er erst vor vier Jahren gestorben ist. Er ist neunzig geworden. Ich sagte: Er war zu unserer Zeit schon alt. Er sagte: Ich bin Kinderarzt. In der Ordination unmittelbar neben dem Wohnzimmer weinten Kinder. Er sagte: Sie müssen mich entschuldigen. Wir tranken Tee mit Frau L.

Dr. U. und ich holten Herrn F. von der Bezirkshauptmannschaft ab. Herr F. stand vorm Eingang, sagte: Wir sind angekündigt. Wir fuhren zur Stadt hinaus, Richtung Allensteig, mir kam die Straße, die Steige durch den schwarzen Hochwald bekannt vor, ich war beklommen, so, als atmete ich den Atem des Zwölfjährigen. Wir fuhren auf die Hochebene, die von sanften Tälern geteilt wird. Es kamen Schilder: »Achtung, Truppenübungsplatz!« Herr F. sagte: Es dauert nicht mehr lang. Im Schloß, das mitten in Allensteig liegt, befindet sich die Kommandantur. Hier ist sie immer gewesen, im Dritten Reich, unter den Russen, nun ist sie wieder da. Am Tor des Schlosses, hinter einer Zugbrücke, stand eine Wache. Herr F. sagte, ich möchte den Wachhabenden sprechen, wurde in die Wachstube geführt; wir wurden eingelassen, passierten den Posten, der grüßte, stiegen Treppen bis in den dritten Stock, gingen auf der Altane um den Hof, der Oberst erwartete uns vor der Tür seines Zimmers, das kärglich eingerichtet war, sein Adjutant saß hinter einem Schreibtisch, wir stellten uns vor, unterhielten uns, Dr. U. erkannte in dem Oberst einen Schulkameraden aus K., – ich schwieg, wartete. Der Oberst sagte: Die Streife ist bereit. In einem Jeep saßen drei junge Männer in Zivil, wir sollten hinter ihnen herfahren. Sie geleiteten uns quer über den menschenleeren Truppenübungsplatz, durch eine Landschaft, die ausgedörrt wie brutal schien, und über allem ein ungeheures sengendes Julilicht. Seit 1938 ist das Truppenübungsplatz, sagte Herr F. Ich kenne mich hier aus. Ich bin in der Nähe geboren. Mein Vater war Förster. Wir erreichten ein Barackenkamp, dessen Zufahrt durch eine Schranke gesperrt war. Einer der Männer aus dem Jeep verhandelte mit dem Posten. Es dauerte lang. Sie diskutierten. Der Posten musterte uns mißtrauisch, las in einem Papier, das ihm der junge Soldat gegeben hatte. Sie öffneten endlich die Schranke. Wir fuhren auf einer schmalen Straße zwischen Baracken. Ich fragte, ob die Baracken 45 schon da gestanden haben. Sie sagten: Die meisten, aber sie sind renoviert worden. Es war das erstemal, daß ich unmittelbar an meinen Vater dachte, ihn wieder fühlte, nah war. Ich dachte mir: Hier ist er gewesen, er konnte wahrscheinlich nicht mehr gehen, er war krank, er hat diesen Horizont vor Augen gehabt, diese zwei Hügel, vielleicht konnte er am Fenster sitzen, nach der Operation, er war schwach, er hat geahnt, daß er hier sterben würde. Er hat keine Briefe mehr geschrieben. Das Licht war dasselbe wie heute, und die Felder, die aussehen, als seien sie aus gepflügtem Stein. Wir fuhren bis zu einem kleinen steinernen Bau, vor dem der Boden aufgerissen war. Der Jeep hielt an; wir stiegen aus. Es waren weitere Soldaten da. Sie grüßten mit der Hand am Mützenrand, ich wußte nicht, wie ich zurückgrüßen sollte, ich nickte. Wir gingen auf den aufgewühlten Boden zu, ich sah einige Gruben, ich sah Stäbe wie Merkmale wie Kreuze nebeneinander aufgestellt, in drei Reihen. Die Skizze auf dem Totenschein wiederholte sich auf diesem Feld. Dahinter der Wald, der eingezeichnet ist auf dem Plan, die Waldecke, ganz genau. Ich wußte, daß in der dritten Reihe, am Rand, das Grab meines Vaters sein mußte. Es war eine flache Mulde, wieder zugeschüttet. Ich schaute hinein, schaute auf den Wald, drehte mich um, schaute auf die Baracke, vor der ein Truppe Soldaten marschierte, die Soldaten hatten Tassen in der rechten Hand, man sagte mir später, sie seien zur Jause gegangen. Ich schaute auf die grünangestrichene Baracke, dort habe sich Lazarett B befunden, das Grab lag nicht mehr als 200 Meter von ihr entfernt. Zwei Reihen sind vor ihm gewesen. Er hatte die dritte angefangen. Ich frage: Hat man Gegenstände gefunden? Herr F. sagt: Dieses Grab ist bislang nicht genau untersucht worden. Im September wird die Arbeit fortgesetzt und sie werden ausgegraben und umgebettet. Das ist in dem Plan eingezeichnet; das erste Grab in der dritten Reihe ist das Grab Ihres Vaters. Es stimmt überein mit der Skizze. Durch Ihren Aufsatz über Zwettl sind wir auf alles gekommen. Man hat mir geglaubt, weil Sie mir die Papiere geschickt haben.

»Gruppenporträt«

Keine Fotografie, ausgenommen die, auf der Mutter neben Mimi und Richard N. steht, kein Bild der Gruppe, also ist ein Bild von ihnen zu machen, müssen sie von der Erinnerung zusammengerufen, postiert werden, Vater, Mutter, Tante K., Großmutter, vor ihnen die Kinder, L. und der Junge, der ich gewesen bin; noch ist Vater dabei, zu Beginn, es sind die vergessenen Tage in Jurys Haus,

ich stelle sie in die Toreinfahrt des Gasthofes »Neunteufel«;

ich stelle sie vor die Stiege zur Pawlatschen;

sie stehen auf der Brücke über die Zwettl;

auf den Stufen vor Jurys Haus;

und wieder löst sich das Lächeln von Vaters Gesicht, wird zur Maske, die Wunden deckt, Verletzbarkeit und Angst, Schüchternheit und Hypochondrie,

R. H., geboren 1906 in Glauchau in Sachsen, aufgewachsen in Brünn, der Vater war Fabrikdirektor, ein dicker, einfallsreicher Mann, Kuren in Franzensbad, Karlsbad, Reisen ins Vertraute, Patriarch, Vater dreier Kinder aus zweiter, zweier aus erster Ehe, und die zweite Frau, solid wie anspruchsvoll, Großmutter, deren Härte jetzt offenbar wird, die allem gewachsen ist, die die Zusammenbrüche durch winzige Bereiche von Ordnung erträglich macht, findig in kleinen, die Umgebung schwächenden Quengeleien,

R. H., ein Lieblingssohn, gehätschelt, gefördert, durch hohe Erwartungen beansprucht, studiert in Prag und Leipzig Jura, soll, nach den Wünschen des Vaters, Syndikus eines großen Betriebes werden, entschließt sich jedoch, und seine Renitenz ist so sanft wie beharrlich, freier Anwalt zu werden, läßt sich in einem kleinen Ort bei Chemnitz nieder, heiratet 1933 die 22jährige Erika H., sie werden Kinder haben, L. und P., und 1941 siedeln sie um nach Olmütz, wo R. H. unter schwierigen Bedingungen ein Büro eröffnet, eine Arbeit beginnt, über die er nicht redet, über die er erst, hilflos, aus der Gefangenschaft schreibt, er habe, ein Gegner des Regimes, Tschechen und Juden geholfen, habe sie aus dem KZ geholt, ihnen die Ausreise ermöglicht,

                      er war mit seinem Vater nach Proßnitz gefahren, 1942, in eine Gegend, die er nicht kannte, hier gäbe es nur ein paar deutsche Sprachinseln, sagte Vater, sie besuchten eine Frau, die sie in einem riesigen, mit finsteren Prunkmöbeln vollgestopften Raum empfing, Likör anbot, und aus einer Wirrnis von Sätzen, die im Schluchzen aufgingen, entnahm das Kind, daß ihr Mann abgeholt worden sei, politisch!, ihr schwarzes gestärktes Kleid knatterte, sie schnaubte, und ihr Leid wirkte auf das Kind komisch, während Vater aufmerksam zuhörte, mitschrieb,

                                  es seien Pelzhändler gewesen, sagte Tante K., sie könne sich erinnern,

                    er dürfe niemandem von dem Besuch erzählen, befahl ihm Vater,

                  R. H. wurde 1943 eingezogen, das Büro geschlossen, er wurde aus der Familie gerissen, die er brauchte, deren Haltbarkeit er sich einbildete, zu Festen versammelte er alle um sich, auch seine Mutter und die Schwestern, seinen Halbbruder, den er liebte, einen hohen Offizier, der Hitler haßte wie er, und den der Junge, von Lehrern und Jugendführern auf Hitler eingeschworen, über Auschwitz reden hörte, über die »Verbrecher«, »sie bringen sie einfach um«, sagte er, dem er nicht glaubte, wie seinem Vater nicht, verachtenswerte Schlappschwänze,

                                  R. H., kurz-

sichtig, mit dicker Brille, kränkelnd, in seiner Schwere
anfällig, 1,85 m groß, kein Soldat; sie setzten ihn in die
Schreibstube und beförderten ihn Ende 44 zum Gefreiten,

seine Frau war ihm fremd, sie hatte sich von ihm entfernt, eine »Unglückliche Natur«, die er nicht faßte, weil sie
unbeständiger, neugieriger war als er, beweglicher und ihre
Sprunghaftigkeit ihn irritierte, er hatte ihr flehentlich geschrieben, sie hatten sich im letzten Kriegsjahr kaum mehr
gesehen, und diese Begegnungen müssen entsetzlich gewesen sein: sein verletztes Brüten, ihre flattrigen Selbstankla-
gen,

ich habe ihre Briefe jetzt erst gelesen, sie haben in meiner Erinnerung geredet, sie korrigiert, und ich weiß nicht,
ob diese Revision zutrifft,

er hat viel leiden müssen, der
Rudi, sagte Großmutter,

vielleicht, weil es ihm nicht gelang,
aus sich herauszugehen, weil er sich verschloß, weil sein
bürgerliches Ehrdenken ihn sperrte; so sehr ihn die Briefe
zu erkennen geben, er ist in einer sprachlosen Verzweiflung
gestorben, er hat seine Frau nicht mehr erreicht;

E. H. gebo-
ren 1911 in Dresden, aufgewachsen in einer verrückten
Umgebung, von der sie oft ihren Kindern erzählte: Mär-
chen von einem großen Haus in Klotzsche, Ponies im Garten, wilde Brüder, die im Winter Zweierbob fuhren, im
Sommer Autorennen, der eine Anwalt, nichtsnutzig und
liebenswert, er schaffte sich einen Schimpansen an, der, als
er in die Wälder ausriß, erschossen werden mußte, wie sein
Besitzer erschossen wurde, Anfang 1945, als Offizier, der
sich wehrte, einen unsinnigen Befehl auszuführen, in Itali-
en, von seinen Vorgesetzten; der andere, so unglücklich wie
schön, ein Desperado, der sich eine riesige Familie zugelegt

hatte, sieben Kinder, und nie zu Hause war; die Schwester, eine jener Hellerauer Feen, Gefährtin von Künstlern, kettenrauchend, mit einer hinreißenden Männerstimme, die die Kinder verblüffte, alle Möbel mit ihren Zigaretten versengend, getrieben von tollen Ideen – sie fuhr mit einem Auto in einen Fluß und ertrank; der Vater, winzig, ein Quirl, Fabrikant von Kosmetika, Erzeuger fabulöser und weltweit vertriebener Gurkenmilch, Combella, der die Hände seiner zahlreichen Geliebten gießen ließ und im Schreibtisch verwahrte, wo sie die Dresdner Großmutter fand, eine zierliche Dame, der es aufgegeben war, ihr Leben lang zu verlieren, deren Heiterkeit uns erfreute, die in einem großen Raum in der ehemaligen Fabrik hauste und Vogelfutter eintütete, denn die Depression von 32 hatte die Fabrik ruiniert, Gurkenmilch wurde nur noch en famille vertrieben,

»die schlimme Mitgift«, sagte Vaters Mutter,

»es hat so kommen müssen«, sagte Tante L.,

»sie war wohl eine unglückliche Natur«, sagte der Pfarrer, der die Selbstmörderin begrub, aber der Junge hat sie leicht und lachend in Erinnerung, denn sie wußte viele Spiele, und sie ließ ihn früh frei: »P. geht auf den Bummel«, hatte sie an Vater geschrieben, »mit anderen Jungen und Mädchen, und ich habe ein Heft mit ordinären Versen in seiner Kommode entdeckt. Ich mache mir Sorgen, aber es hat keinen Sinn, ihm das zu verbieten. Es wird ihm langweilig werden«,

sie war großmütig, und ihr Freiheitsdrang erschreckte ihre Umgebung,

»Ich will nicht, daß es so auseinanderbricht«, hatte R. H. an sie geschrieben,

»Ich will Dich nicht verlassen, nur bin ich viel allein«,

antwortete sie ihm,

»Der Krieg hat uns auseinandergebracht«, hatte Vater geschrieben,

ihre Melancholien waren abgründig, sie kapselte sich ein, schreckte die Kinder durch abrupte Reaktionen und eine Düsternis, die Tage anhielt,

der Junge fand sie schön, wenn sie so war,

die letzten Monate in Zwettl verbrachte sie in Lethargie, ihre Ausfälle waren oft scharf und ungerecht; D., den sie auf dem Transport aus Wien kennenlernte, sah sie nur als leidenschaftliche, in ihrer Weise verlorene Person, deren Heftigkeit diese Liebesgeschichte füllte, und als er sie verließ, hatte sie sich entschieden: sie hinterließ die Kinder ohne Brief, ohne Bitte, denn sie war sicher, ich bin sicher, sie wußte, wieviel Freiheit sie ihnen mitgegeben hatte, um überleben zu können, ohne großen Schaden zu nehmen;

Großmutter, geboren 1879, Tochter des Chemnitzer Schnapsfabrikanten H., dominierte, wann immer Streit ausbrach, als Schlichterin oder als Schürende, sie sorgte für Ordnung, hatte wenig übrig für ihre Schwiegertochter, die sie, vor allem im letzten Jahr, frostig, abweisend behandelte, eine Dame aus gutem Hause mit einer Neigung zu bourgeoisen Ritualen und zur Bösartigkeit, wurden die Regeln nicht geachtet – aber sie nahm sich, mit Tante K., der Kinder an, sah in dem Jungen ein Spiegelbild ihres Sohnes, buk unvergleichlichen Stollen, wurde sehr alt und wartete auf Rudi, den Sohn, den sie sich nicht totsagen ließ;

Tante K., sagte Mimi N., sei ihr noch lebhaft im Gedächtnis, sie sei sehr energisch gewesen und habe sich um den amtlichen Kram gekümmert: sie war damals siebenunddreißig Jahre alt, dürr, streitsüchtig, neigte dazu, sich benachteiligt zu fühlen, doch sie lenkte die Familie, unterm

Widerspruch oft aller, und sie geriet außer sich, wenn sie sich mit dem Jungen stritt, der sich ihr widersetzte, ihren Befehlen nicht gehorchte;

L., meine Schwester, erinnere ich als einen zarten Schatten, eine kleine in Verzweiflung brechende Stimme, das Kind bewegt sich am Rande, immer in der Nähe der Mutter, kaum spielend, ich sehe L. mit Mädchen in der Toreinfahrt, geziert und zurückhaltend; sie hatte dauernd Angst; sie war zehn;

der Zwölfjährige, der ich gewesen bin, hat keine Sprache, keine Stimme, nur Bewegungen, Gesten, er wird sichtbar nur in Aktionen,

er schleicht sich an die Lastautos heran, ein magerer Kerl, dem Erwachsene manchmal sagen: Ich blas' dich um,

er liegt bei Ditta, er ist hölzern, merkt seinen Körper und schämt sich;

er rennt neben marschierenden Soldaten her, er äfft sie nach;

er sitzt stundenlang auf einer Bank in den Anlagen, denkt sich aus, was Mutter tun würde, wenn er tot wäre;

er spielt den Taubstummen auf der Fahrt nach Brünn und spielt mit der Angst der Erwachsenen;

er steht in einer Schlange und versucht zu mogeln;

er fährt den Traktor und läßt sich, glücklich, vom Motor schütteln;

er liegt im Garten am Bach und stellt sich tot;

wenn ich ihn zurückzurufen versuche, fühle ich eine dumpfe, eingekerkerte Wut, die ausbrechen, zerstören, töten will, die sich nicht schickt in die Welt der Großen, ich ahne wüste, verwüstende Träume und einen dauernden Trotz; nur manchmal atmet er leichter; er war immer auf dem Sprung und jeder verletzte ihn täglich, sein Haß war sein Leben, und wer zärtlich zu ihm war, hatte ihn in der Hand –

                                    ich weiß nicht, ob ich es gewesen bin. Ich könnte es gewesen sein. Mutter und Großmutter sind tot. Die Lebenden stehen vor ihren Abbildern, durch die Jahre abgerückt, sie erzählen, wer sie waren, aber sie finden zu ihrem Bild nicht zurück.

Peter Härtling
Große, kleine Schwester

Roman
Gebunden

Lea und Ruth sind Schwestern. Sie stammen aus einem
Ort, der einmal Brünn hieß und in dem Deutsche und
Tschechen, Juden und Christen zusammenlebten. Der
Faschismus und die Folgen haben dieses Leben zerstört
und Lea und Ruth aus ihrer bürgerlichen Welt gerissen,
in der sie unterschiedliche Wege gehen wollten. In einer
von den Umständen aufgenötigten komisch-melancho-
lischen Symbiose haben sie ihr ganzes Leben miteinander verbracht, wurden gemeinsam von Brünn nach
Schwaben verschlagen, am Ende sind sie fast eins. Peter
Härtling erzählt das Leben der beiden ungleichen Schwestern und wie die Zeitgeschichte dieses Leben prägte in
doppelter Perspektive und gebrochener Chronologie, in
der Vergangenheit und in der Gegenwart, voll Witz, Ein-
fühlungsvermögen und Raffinesse. Welche verschiede-
nen Wege die Liebe geht und wie Privates und Politisches
sich kreuzen und verschlingen, das kann niemand besser
erzählen als Peter Härtling, dem mit Lea und Ruth zwei
wunderbare Frauenportraits gelungen sind.

VERLAG
KIEPENHEUER
& WITSCH

Peter Härtling im dtv

»Er ist präsent. Er mischt sich ein. Er meldet sich zu Wort
und hat etwas zu sagen. Er ist gefragt und wird gefragt.
Und er wird gehört. Er ist in den letzten Jahren zu einer
Instanz unserer (nicht nur: literarischen)
Öffentlichkeit geworden.«
Martin Lüdke